© Graham Baker

Rick Bass, 1958 in Texas geboren, arbeitete als Geologe für Gas- und Ölvorkommen in Mississippi, bis er seinen Job aufgab, um mit seiner Frau Elizabeth, einer Malerin, in die Wildnis des Yaak-Tals in Montana zu ziehen. Er lebt dort mit inzwischen zwei Töchtern als freier Schriftsteller und engagiert sich für die Erhaltung der letzten zusammenhängenden Wälder in Montana. Seine Romane und Kurzgeschichten sind mit dem PEN/Nelson Algren Award und dem James Jones Fellowship Award ausgezeichnet worden.

Rick Bass

Winter in Montana

Ein Leben in der Einsamkeit der Wälder

Strichzeichnungen
von Elizabeth Hughes

Aus dem Amerikanischen
von Irmela Erckenbrecht

SIERRA

Die Deutsche Bibliothek – CIP-Einheitsaufnahme
Ein Titeldatensatz für diese Publikation ist bei
Der Deutschen Bibliothek erhältlich.

REISEN · MENSCHEN · ABENTEUER

Deutsche Erstausgabe, 1. Auflage 2001

1991 erschienen bei Houghton Mifflin Company, Boston
Originaltitel: Winter
Lektorat: Gisela Fichtl, München
Umschlaggestaltung: Atelier Seidel, Altötting
nach Illustrationen von Elizabeth Hughes
Satz: Uhl + Massopust, Aalen
Herstellung: Sebastian Strohmaier, München
Druck und Bindung: Clausen & Bosse, Leck
Papier: Das Papier wurde aus chlorfrei gebleichtem
Zellstoff hergestellt
ISBN 3-89405-134-5

www.frederking-und-thaler.de

*Für meine Mutter
und meinen Vater*

Kent Jingfors, ein schwedischer Moschusochsenforscher, kampierte eines Winters in Alaska draußen in der Nähe des Sadlerochit River, weil er wissen wollte, wie die Moschusochsen in dieser Gegend überleben. Er erinnert sich an »Tage« von brutaler Kälte und Dunkelheit, an denen es beinahe seiner ganzen Willenskraft bedurfte, um auch nur die einfachsten Aufgaben auszuführen. Die Tiere zogen langsam unter den Weidenbäumen dahin und beäugten ihn misstrauisch. Er folgte ihnen mit der Taschenlampe und beobachtete genau, welche Pflanzen sie fraßen. Dabei betrachtete er sie mit wachsender Ehrfurcht. Wer je versucht hat, bei minus vierzig Grad zu arbeiten, wer je mit der Dunkelheit eines langen nordischen Winters gekämpft und den von einem messerscharfen Wind gepeitschten Schnee auf seiner Haut gespürt hat, der kann nur staunen, dass überhaupt ein Lebewesen dies wochenlang ertragen, geschweige denn in Frieden damit leben kann.

Barry Lopez, Arctic Dreams

Prolog

Ich kannte die Berge schon von früher. Mein College hatte am Hang eines Berges gelegen, die Utah State University, und ich war dort so glücklich gewesen wie nie zuvor in meinem Leben – nicht darüber, im College und jung und frei zu sein, nein, darüber, in dieser Umgebung zu leben, mich in dieser großartigen, wundervollen Landschaft bewegen zu dürfen. (Aufgewachsen bin ich in Texas, und nach dem College habe ich mehrere Jahre lang in Mississippi gearbeitet.) Meine Freundin Elizabeth und ich machten häufig Zelturlaub im Westen. Es gefiel uns, wie die Wälder rochen, vor allem nachts und morgens beim Aufwachen.

Im schrecklichen, viel zu heißen Sommer 1987 begannen wir unsere Fahrt in Richtung New Mexico. Wir waren auf der Suche nach einer idealen »Künstlerklause«: einem Ort, an dem Elizabeth malen und ich schreiben konnte (in getrennten Ateliers natürlich, schließlich arbeiteten wir beide gern am frühen Morgen), einem Ort mit einem fließenden Gewässer und hohen Bäumen, einem Ort der Abgeschiedenheit. Wir suchten nach der reinen Wildnis, dem letzten Winkel unberührter Einsamkeit: nach einem Ort, an dem man, wenn man wollte, nackt herumlaufen konnte, einem Haus mit Scheune, Feld und einem Pferdestall, weil Elizabeth eine begeisterte Reiterin ist. Und gegen ein kleines Hallenbad, vielleicht auch einen Tennisplatz und einen Garten hätten wir auch nichts einzuwenden gehabt.

Weil wir so verdammt arm waren, trotzig und herrlich arm –

aber niemandem etwas schuldeten und kerngesund waren –, suchten wir nach etwas, das wir mieten konnten, obwohl uns der Gedanke, irgendwo vielleicht einen Morgen Land zu kaufen und ein Haus nach unseren Vorstellungen darauf zu bauen, ebenfalls gefiel. Und das, obgleich für uns beide schon das Anspitzen eines Bleistifts ein handwerkliches Abenteuer bedeutete. Wir sind eher künstlerisch veranlagt, wie ich leider zugeben muss, aber das konnte uns nicht schrecken. Wir waren von einem Fieber erfasst, es war unser Herzenswunsch, in den Westen zu ziehen und dort unser Leben zu verbringen. Unserem Gefühl nach war schon viel zu viel Zeit verstrichen, wir waren beide neunundzwanzig, höchste Zeit, sich umzuschauen. In welchem Staat wir bleiben würden, war uns egal, Hauptsache irgendwo im Westen.

Aber wir fanden nichts. Null in New Mexico, nada in Arizona. Wir grasten ganz Colorado ab, aber es war überlaufen – zumindest, was wir unter überlaufen verstehen – und alles nur zu kaufen, nicht zu mieten, oder schon vergeben. Das eine oder andere Haus wäre vielleicht schon in Frage gekommen, aber dann lag es an einem See, nicht an einem Bach oder Fluss. Für alle Fälle notierten wir ein paar Adressen.

Utah durchkämmten wir von Süden nach Norden. Zwei Häuser hätten mir gefallen – eines davon sogar sehr, etwas nördlich von Logan –, aber Elizabeth fand, es sei zu nah an der staubigen Straße, und wahrscheinlich hatte sie Recht. Das Waldgrundstück in Wyoming stand nicht zum Verkauf. In Idaho fanden wir ein Stück abgelegenes Land, kniffen aber letztlich beide. Es gab dort keine Bäume, es zog fürchterlich, und der bevorstehende Winter war schon deutlich zu spüren. Auf einem windigen Fleckchen Erde in Idaho wirkte die Vorstellung, ein eigenes Haus zu bauen, doch etwas ernsthafter als am Anfang unserer Reise, als wir mit unseren beiden Hunden Mississippi verlassen hatten, barfuß und mit heruntergekurbelten Fensterscheiben.

Ich muss noch erwähnen, dass es unser Prinzip war, erstens nur auf Nebenstraßen zu fahren, nach alten, leer stehenden Häusern Ausschau zu halten und die Besitzer – zum Beispiel wenn sie das nächste Mal mit ihrer Sense zum Mähen kamen – zu fragen, ob wir dort wohnen könnten. Zweitens kauften wir die örtlichen Zeitungen und lasen die Vermietungsanzeigen. Und drittens suchten wir Makler auf, die allerdings an einer Vermietung kaum Interesse hatten, sie waren auf das schnelle Geschäft mit reichen Käufern aus und winkten ab, sobald sie unsere Geschichte hörten. Die Überheblichkeit der Makler regte mich auf, und ich ging ihnen immer öfter aus dem Weg. Über das langsame Tempo unserer Fortbewegung und die vielen Nächte, die wir an rauschenden Bächen kampierten, die uns nicht gehörten und uns (paradoxer- ebenso wie wunderbarerweise) auch nie gehören würden, war der Juli fast vergangen.

Weiter ging es in Richtung Missoula, Montana (ebenfalls nicht abgelegen genug), dann nördlich in Richtung Glacier National Park und einen kleinen Skiort namens Whitefish, der uns schon immer gefallen hatte.

In Whitefish hatte Elizabeth eine Vorahnung. Auf der Suche nach einem Maklerbüro schlenderten wir die schmale Hauptstraße entlang. Es war ein ruhiger Tag in einem kleinen Ort, an dem auch sonst vermutlich eher wenig los war. Endlich stießen wir auf einen Makler namens Ross, der über unsere Bitte hoch erfreut war und uns sofort von einem wilden, zauberhaften Tal oben an der Grenze zu Idaho und Kanada vorschwärmte. Yaak, sagte er, sei eigentlich gar kein richtiger Ort, es gäbe weder Strom noch Telefon noch irgendwelche befestigten Straßen, nur eine Hand voll Leute, die das ganze Jahr über dort oben lebten, am Ufer des Yaak River, im Wald verstreut. Ross sagte, es sei nicht leicht hinzukommen, man bräuchte Vierradantrieb, was wir ja hatten, aber es stünde dort etwas ganz Besonderes zum Verkauf. Sofort gaben wir uns als mögliche Käufer aus, taten so, als spielte Geld für uns keine Rolle, deuteten an, dass wir zwar lieber etwas mieten würden, im Bedarfsfall aber jederzeit auf einen geheimnisvollen Investor zurückgreifen könnten. Es ist ein Wunder, dass Ross uns nicht auf der Stelle verhaften ließ. Ich war mir damals schon ziemlich sicher, dass er uns durchschaut hatte, wahrscheinlich von dem Augenblick an, in dem wir sein Büro betreten hatten (und er unsere an die Parkuhr geketteten Hunde und die abgefahrenen Reifen an unserem Truck gesehen hatte, vielleicht verrieten uns aber auch unsere von der Sonne verblichenen Overalls). Ross schlug vor, uns dieses wundersame kleine Tal ruhig einmal anzuschauen und das Anwesen seines Kunden zu besichtigen. Zurzeit wohne dort ein junges Ehepaar mit Kindern, um für Ross' Kunden, den Besitzer, der Holger hieß, Haus und Hof zu hüten. Holger sei in Washington, D.C., erklärte Ross, und dort auf irgendeine mysteriöse Weise mit dem CIA verbandelt, ein ehemaliger Kriegsberichterstatter, der in so gut wie jedem ungemütlichen Land dieser Erde schon einmal angeschossen und eingesperrt worden war. Eine ganze Weile lang unterhielt uns Ross mit Holgers Abenteuern.

Von dem Anwesen aus, das Ross für ihn zu verkaufen versuchte, habe Holger eine Weile lang geführte Jagdtouren angeboten. (Holger sei geschieden, fügte Ross hinzu.) Fix Ranch sei groß, verfügte über mehrere Gästehütten, ein Hauptgebäude, Heuschuppen, Ställe, ein Gewächshaus, ein Hühnerhaus, zusätzliche Garagen, Schuppen und einen Vorratskeller. Es sei ringsum von unzähligen Hektar National Forest umgeben, liege an einem Bach und habe auch im Haus fließendes Wasser, gespeist aus einem höher gelegenen Teich mit eigener Quelle. Das Hauptgebäude habe drei Geschosse, jedes davon mit riesigen Fenstern und einer großartigen Aussicht auf die Berge – Kanada im Norden, Idaho gleich hinter dem nächsten Bergkamm.

Die Ranch liege am Ende der Welt, sagte Ross. Wunderschön,

aber eben schwer zu erreichen. Die Verbindung mit der Außenwelt ließe sich nur brieflich halten, es gäbe kein Telefon, nur Funk – aber an windigen Tagen, vor allem im Frühling, hätten die Funkwellen keine Chance, in das Tal hinein- oder aus dem Tal herauszukommen. Im Vorratskeller befände sich ein mit Propangas betriebener Generator, der ein wenig Elektrizität erzeuge – für eine elektrische Schreibmaschine vielleicht und ein bisschen Schallplattenmusik am Abend. In einem der Schuppen gäbe es außerdem ein paar starke Zwölf-Volt-Batterien, die sich bei laufendem Generator aufluden; gemeinsam mit den Propangaslaternen würden sie das Lesestündchen am Abend sicherstellen.

Wir verließen Whitefish und fuhren den ganzen Nachmittag auf dem Weg, den Ross uns beschrieben hatte. In den letzten anderthalb Stunden sahen wir nur Elche, Hirsche, Wapiti und Waldhühner, die in großer Zahl den Weg überquerten. Weiße Gänseblümchen säumten die schmale, unbefestigte Straße.

Ohne irgendein Anzeichen menschlichen Lebens zu sehen, fuhren wir weiter in nordwestlicher Richtung, tiefer und tiefer in den letzten und größten grünen, straßenlosen Flecken, der auf unserer Landkarte verzeichnet war – und unsere Herzen wurden schwerer, weil es uns an der nötigen Kaufkraft mangelte.

Der Weg stieg an, wurde langsam steiler, bis wir den Gipfel erreichten und in das kleine blaue Tal eintauchten.

Der Ort bestand aus einem Laden und einem Saloon, also zu beiden Seiten der Straße aus jeweils einem Gebäude, und einem langsam sich durch das Tal windenden Fluss (hinter dem Laden stand eine Elchkuh mit ihrem Kalb im Wasser) – und noch immer kein Zeichen von menschlichem Leben zu sehen. Als seien sie alle massakriert worden, dachte ich glücklich. Wir wussten sofort, hier wollten wir leben, hier hatten wir schon immer leben wollen.

Nie zuvor hatten wir einen solchen Zauber verspürt.

Die Frau, die Holgers Haus hütete, kam zur Tür, als wir vorfuhren – ihr Mann war in Libby, einem kleinen Städtchen etwa vierzig Meilen entfernt, um nach Arbeit zu suchen –, und führte uns mit großer, etwas nervöser Höflichkeit auf der gesamten Ranch herum. Zwei Kinder und etliche Katzen wuselten um ihre Beine, und sie wirkte etwas gequält. In unseren verblichenen Overalls stolperten wir von einem sonnenerfüllten Zimmer ins nächste, murmelten etwas von einem Investor in New York, Anzahlungen und so weiter, nur um sie dazu zu bringen, uns all die Wunder zu zeigen, die dieses herrliche Anwesen zu bieten hatte. Wenn ich jetzt daran zurückdenke, fällt mir auf, dass die Frau etwas sonderlich war. Offenbar war sie hoch erfreut, dass sie Gesellschaft hatte, schien aber häufig irgendwen anders anzusprechen, jemanden, der manchmal direkt vor uns, manchmal aber auch hinter uns stand. Offenen Augenkontakt mied sie ebenso wie das Zuendeführen von Sätzen.

Zwischen den Bäumen hinter dem Haus standen Hirsche an der scharfen Kante zwischen Dunkel und blendendem Sonnenlicht, suchten Schutz in dem gesprenkelten Schatten des Waldrands und leckten an dem Salzblock, den jemand dort für sie aufgestellt hatte. Die Luft war heiß.

Die Frau versorgte Hühner, Kaninchen, ihre eigenen Kinder, einen wunderschönen Garten und ein blühendes Paradies in dem von Blumen- und Kräuterduft erfüllten Gewächshaus. Was für ein herrlicher Platz so ein Gewächshaus doch zum Schreiben wäre, dachte ich, und das erinnerte mich wieder daran, wie arm wir waren, und plötzlich fiel mir auf, dass die Frau und ihr Mann zwar in diesem herrlichen Haus wohnten, aber wenig daran zu hängen schienen. Ein paar Hühner lagen auf der Seite und flatterten matt mit den Flügeln. Man schien nichts mehr für sie tun zu können.

»Die ganze Woche über sterben uns jetzt schon die Hühner weg«, seufzte die Frau. Dann drehte sie sich zu uns um und fragte: »Falls Sie die Ranch nicht kaufen wollen, hätten Sie nicht Lust, hier einzuhüten? Wir haben gerade heute Morgen beschlossen, dass wir wegziehen müssen. Es gibt keine Arbeit hier, nichts zu tun für uns. Für Sie beide wäre das doch wie geschaffen – für einen Schriftsteller und eine Malerin.«

Mein Kopf wurde ganz leicht, und wo ich hinsah, strahlte mir Helligkeit entgegen. Was für ein Streich wurde mir da gespielt? Mein Herz raste, und ich konnte kaum sprechen. Als ich endlich antwortete, schien meine Stimme nicht zu mir zu gehören.

»Hm«, nickte ich, »vielleicht.« Ich glaube, ich schloss die Augen in dem Versuch, den Augenblick auszudehnen, mich an die Hoffnung zu klammern.

Einen Monat später war ich wieder unterwegs, saß tage- und nächtelang hinter dem Steuer eines großen gemieteten Trucks, der pro Meile einen Liter Benzin verbrauchte, aber nicht mehr als 40 Meilen pro Stunde schaffte, nachdem ich in New Mexico die kontinentale Wasserscheide überquert hatte. Ich hörte Countrymusic im Radio und unterhielt mich mit den beiden Hunden, Homer und

Ann. Elizabeth würde ein paar Wochen später mit dem Zug nachkommen. Ich trank schwarzen Kaffee, verschliss zwei Ryder Trucks – beim ersten ging gleich hinter Vicksburg die Zylinderdichtung kaputt, beim zweiten hauchte das Getriebe bei Santa Fe sein Leben aus –, und auf dieser Fahrt mit nur halb heruntergekurbelten Fenstern (im Westen war es schon deutlich kühler) fühlte ich mich so herrlich frei, kühner und hoffnungsvoller als je in meinem Leben.

Es war Anfang September, als ich in die buchstäblich letzte Straße der Vereinigten Staaten einbog, einen mit Sand und Kies aufgeschütteten Weg parallel zur kanadischen Grenze, die Purcell Mountains in Montana hinauf. Es war, wie in einen Kampf zu ziehen, sich zu verlieben, aus einem wunderbaren Traum aufzuwachen oder in einen Traum zu sinken – an einem Herbsttag in kaltem Wasser zu waten. Die ersten Blätter wehten vom Himmel. Manchmal machte ich kurz Pause und schlief in dem großen Sitz ein, die zusammengerollten Hunde zu meinen Füßen. Wenn ich wieder aufwachte, waren die gelbe Haube und die Windschutzscheibe von herbstbunten Blättern bedeckt. Einen Moment lang schauderte ich vor Kälte. Unten in Mississippi und Texas, wo ich früher gelebt hatte, war es noch heiß, oben in den Bergen, im Norden, wo ich ein neues Leben beginnen wollte, war es schon kalt geworden. Die unmittelbare, dringlichste Aufgabe, die vor uns lag, wurde mir in diesem Augenblick bewusst, war der Winter, der höchstens noch einen Monat entfernt war. Ich wusste nichts über den Winter. Ich hatte ihn noch nie gesehen, und mir war schwindelig vor Angst, Staunen und Vorfreude.

Auch die Hunde schienen sich Sorgen zu machen. Ihnen fehlte Mississippi, und eines war ihnen deutlich anzusehen: Ihrer Meinung nach war ich dabei, einen Fehler zu machen.

13. SEPTEMBER

Der erste bedeckte Tag. Wundervoll grau, kalt und schwer vor Feuchtigkeit, als ich aufstand. Erst jetzt am späten Vormittag legt sich die Sonne ins Zeug, brennt ein Loch durch den Nebel, bringt Blau in das Tal. Ich bin gespannt zu sehen, wie es hier regnet, aber ich weiß, ich werde dazu noch genug Gelegenheit haben. Es ist sehr still. Aus großer Entfernung hört man noch leiseste Geräusche: Die Hunde nagen wie Bären an ein paar Hirschknochen herum, die sie in der Nähe einer alten Schlachthütte gefunden haben; Vögel, deren Namen ich nicht kenne, fliegen in den Wald; in der Ferne ein Motor. Draußen über dem Tal ist es blau, doch hier oben an der Flanke des Lost Horse Mountain herrscht eine strenge Stille, die Sonne brennt durch die feuchten Wolken und ist dann wieder von einem Schleier bedeckt. Immer wieder vergesse ich, dass ich heute Abend mit Dave Pruder und seiner Freundin zum Spaghettiessen verabredet bin.

Sobald es anfängt zu schneien, werde ich im Gewächshaus schreiben. Es gibt einen Holzofen, der mich warm halten wird. Zwei Stück Holz pro Seite, wenn ich Glück habe. Im Dachboden des Gewächshauses habe ich mir ein kleines Sportstudio eingerichtet, dort kann ich in einem grünen Dschungel Beugestützen, Beinstrecker, Bankdrücken und Hantelübungen machen, schwitzen und durch das Fenster den Winter betrachten.

Ich habe eine Flasche Wein gekauft, die ich heute Abend mit zu Dave Pruder nehmen will. Dave ist hoch gewachsen und freundlich, ein begeisterter Reiter, dem die beiden Pferde auf Holgers (unserer) Weide und der Dirty Shame Saloon gehören. Seine Freundin Suzie hat früher in Las Vegas am Spieltisch die Karten ausgeteilt. Sie ist klein, rothaarig, hübsch, mit hohen Wangenknochen. Ich hoffe, sie und Elizabeth werden gute Freundinnen. Dave ist jungenhaft, in seinen Augen blitzt es vor Begeisterung. Seit acht Jahren ist er jetzt hier oben, doch wenn man ihn sieht, könnte man meinen, dass jedes Jahr sein erstes ist.

15. SEPTEMBER

Ein Schriftsteller in einem Tal, in dem sonst nur hart arbeitende Menschen wohnen. Vielleicht hilft ihnen das Neue daran, mich zu akzeptieren. Niemand fragt mich, ob ich den Winter über bleiben will. Man fragt: »Sie wollen also versuchen, hier zu überwintern?«

Erst dann werde ich zu den echten Bewohnern des Tales zählen – wenn ich den Winter überstehe. Nach diesem Winter werde ich mich leichter im Tal bewegen können. Ich werde mehr sehen und hören, man wird bereit sein, mir mehr zu erzählen.

Truman Zinn, Daves Freund, schwärmt vom Winter. »Höchstens einmal pro Woche kommt ein Auto vorbei, und das ist dann etwas ganz Besonderes. Man hört es schon aus weiter Ferne.«

Davon berichten die meisten, wenn sie vom Winter sprechen: von der Stille. Jim Kelly, ein pensionierter Forstaufseher – schön und wild, mit langem, glattem Haar, indianischen Wangenknochen und dunklen Kieselsteinaugen – sagt, im Winter würde er manchmal so durchdrehen, dass er die Schneeschuhe überziehen und in den Wald laufen müsse, zum Hensley Face Mountain hinauf und wieder zurück, zehn Meilen pro Strecke, bloß um überhaupt irgendetwas zu tun. Er sagt, auf seinen Wanderungen würden ihm Pumas folgen. Manchmal würde er tief im Wald ihre Spuren kreuzen. Auf dem Nachhauseweg fände er dann ihre Spuren über seinen, die Tiere würden ihn regelrecht beschatten.

Später werde ich Homer quälen mit der Frage: »Wo ist Elizabeth?« Seit zwei Wochen hat er mich ihren Namen nicht sagen hören. Es wird interessant sein zu sehen, ob er sich an den Klang erinnert. Und dann erst am Bahnhof.

Ich habe einen Zweiwochenbart. Am Bahnhof wird es lustig werden.

Kann gar nicht genug Holz bekommen! Lief zurück zum Haus, um zur Toilette zu gehen – kalt und windig, stürmisch und feucht –, und als ich wieder ins Gewächshaus kam, rochen die knackenden Espenscheite im Ofen unbeschreiblich gut. Was für eine schöne, trockene Wärme an einem so scheußlichen Tag. Ich bin glücklich.

Hoffe bloß, Elizabeth mag Kohl. Draußen im Garten steht jede Menge. Ich sehe ihn von meinem Schreibtisch aus, wenn ich aus dem Fenster schaue, auf dem noch die Regenperlen vom Vorabend glitzern. Auch der Salat sticht hell und grün vom dunklen Regenlicht ab. Ich halte nicht viel von Gemüse. Ich sollte das Gartentor aufmachen und die Hirsche hereinlassen, ein Weihnachtsfestschmaus mitten im September.

Eine alte Frau, von allen nur Grandma genannt, hat ihr ganzes Leben hier oben verbracht. Achtzig Jahre in Yaak. Sich vorzustellen, was sie alles verpasst hat. Und was sie gesehen und der Rest der Welt verpasst hat. Niemand kann alles haben, ganz egal, wo er ist.

Ich weiß nicht, wie ich einigermaßen geordnet über dieses Land schreiben soll, bin ich doch selbst gerade erst dabei es zu erforschen. Wenn sich ein Pfad auftut, wird mich das freuen und beruhigen – wie bei der Mathematik, der Chemie, der Genetik und der Elektrizität, lauter Dingen mit festen Regeln und Grenzen. Bis jetzt besteht alles noch aus unzusammenhängenden Ereignissen, großen Geheimnissen, zufälligen Lebenslinien.

Wenn ich ein schönes Stück Holz am Straßenrand erspähe, halte ich an und nehme es mit.

Ich warte darauf, dass der Propangaslaster kommt. Ich werde (für 18,2 Cents pro Liter) 3400 Liter Propangas für den Ofen und den Generator kaufen. Der Familie, die vorher hier wohnte – ein Mann, eine Frau, zwei Kinder – hätte das drei, vier Monate gereicht. Ich werde fünf, sechs Monate damit auskommen.

Später am Nachmittag. Komme gerade aus Yaak zurück, wo ich einen der beiden öffentlichen Fernsprecher benutzte, eine Weile mit Dick McGary plauderte (in seinem Laden war es schön warm) und zehn Lose für die Quilt-Tombola der Yaak Volunteer Ambulance kaufte. Der Quilt hängt von einem Balken in Dicks Laden, knallweiß strahlt er in der durch die hohen Fenster fallenden Sonne. Ein Dollar pro Los, und der Quilt hat die Farbe von Schnee, von Winter.

Ich habe gleich noch eine Wagenladung Holz geholt – unvergleichlich gutes Holz. Dicke, bereits gesäuberte Äste und lange Stämme, wie Zahnstocher aufeinander gestapelt, wo die Holzfäller schon waren und ihren Kahlschlag hinterlassen haben. Es wird hier verdammt viel gefällt, überall sieht man zur Abholung bereit liegende Stämme, und Holz, das vermodert, weil es zu dünn ist, um irgendwie genutzt zu werden. Hier und da fand ich etwas Lärche, das trockenste Holz hier oben, das besonders heiß brennt und deshalb bei allen sehr begehrt ist.

Oben auf Hensley Face niemanden gesehen. War mir auch recht so. Die Hunde spielten auf den Holzstapeln, sprangen von Stamm zu Stamm, buddelten dem Geruch von Gott weiß was hinterher. Ihr Fell wird schon dicker.

Als ich später mit einem Bier aus dem Dirty Shame zurückfuhr, traf ich Truman und Dave auf dem Weg nach Libby, dem nächsten Städtchen. Sie fragten, ob ich etwas bräuchte – das hat mir gut getan. Als ich den Südarm des Yaak River überquerte und unsere Weide sah, lag Daves alter Graubrauner, Buck, auf der Wiese und ruhte sich aus; Fuel, der Fuchs, stand neben ihm, ein Hinterbein leicht angehoben.

In Tom und Nancy Orrs Haus, heißt es, hätten alle Schubläden, Schränke und Türen polierte Elchhorngriffe. Nancy ist den ganzen Winter mit Langlaufskiern unterwegs, sammelt die Geweihe im Wald.

Der Wind fährt unter die Schindeln und Balken über mir, lässt sie ächzen und stöhnen. Im Gewächshaus riecht es nach Rauch, nach Fleisch, aber auch nach Frühling. Der süße Duft nach allem, was wächst, hat sich hartnäckig gehalten.

Homer, der verrückte Homer, frisst Tomaten vom Strauch, bis zu den Knien steht er in den Blumen, um an sie heranzukommen. Ann hat sich ein sonniges Fleckchen zum Dösen gesucht. Meine Kleider riechen nach Rauch.

Dick McGary sagte, laut Kostenvoranschlag würde es 80.000 Dollar kosten, eine Stromleitung bis zur Ranch zu legen. Das ist gut, nickte ich. Wunderbar.

Dieses Licht, dieses bronzierte Weißblechlicht, das Licht des Spätsommers, Nachsommers. Dieses Licht, als würde es etwas sagen. Es ist überall. Es flackert nicht, es strahlt nicht, es wandelt sich nicht; es ist einfach da, eine feste Größe, es ruht in sich selbst.

Denke wieder an die alte Frau, die achtzig Jahre lang hier gelebt hat.

Weitere Gespräche über den Winter. McGary sagt, letztes Jahr zu Halloween seien fünfundvierzig Zentimeter Schnee gefallen.

17. SEPTEMBER

Nancy Orr kam zum Abendessen ins Dirty Shame und erzählte uns von ihren Traumfängern. Sie flicht Ringe aus Rohr und steckt Federn von allen Vögeln des Tales hinein. Sie bedeckt den ganzen Kranz mit Federn, nur in der Mitte bleibt eine kleine Öffnung frei. Nach indianischer Überlieferung soll man sich den Traumfänger nachts über den Kopf hängen, dann bleiben alle Ängste und Albträume in den Federn hängen. Nur die guten Träume schlüpfen durch das kleine Loch in der Mitte.

Das Ganze ist so unheimlich und in sich so logisch – so fantastisch –, dass man sofort weiß, es muss etwas dran sein. Dave und Suzie schwören ebenso wie Nancy, dass es funktioniert.

Ein gutes Abendessen. Spaghetti, so viel das Herz begehrt, und noch viel mehr. Lange, träge dahinfließende Tage. Vom Saloon aus kann man die Fische aus dem Fluss auf der anderen Seite der Straße springen sehen. Morgen kommt Elizabeth am Bahnhof an.

19. SEPTEMBER

Noch vor Sonnenaufgang holte ich Elizabeth gestern am Bahnhof ab. Das sollte jeder mindestens einmal erleben: das Warten in der Dunkelheit. Ich hörte Gänse in Richtung Süden über die Berge fliegen. Es hat etwas Wunderbares, einfach zu warten, auf einen verspäteten Zug – eigentlich sollte er um drei Uhr da sein –, zu wissen, dass er irgendwann kommen wird, und dann die Lichter zu sehen.

Die Reste unseres alten Lebens fielen mit einem Mal von mir ab, als ich die Lichter auf den Schienen auf mich zukommen sah.

Der Bahnhof von Libby ist uralt. Niemand außer mir wartete um diese Uhrzeit auf den Zug, und aus dem Zug stieg niemand außer Elizabeth.

Ich fühlte mich wie aufgebrochen und neu gefüllt mit Glück. Ich hob sie hoch – sie grinste, als wäre sie fünfzehn oder sechzehn –, dann brachten wir ihr Gepäck zum Wagen, und sie begrüßte die Hunde.

Wir hielten an dem Café, das die ganze Nacht offen hat, tranken Kaffee und fuhren dann weiter zu der schmalen, unbefestigten Straße, die ins Yaak Valley führt. Wir waren berauscht von dem Gefühl, dass nun alles vor uns und gar nichts mehr hinter uns lag. Hirsche liefen durch den Lichtkegel unseres Wagens über die Straße. Ein Monat ist eine lange Zeit, wenn das Leben so neu ist.

Wir kamen zur Ranch, fuhren die lange Auffahrt hoch, betraten das Haus – Holzduft begrüßte uns – und gingen nach oben. Es war noch immer dunkel und kalt, im Haus ebenso wie draußen.

Als wir aufwachten, war der Himmel blau. Elizabeth entdeckte die ersten verfärbten Blätter. Der Wind wehte noch immer, Nordwind.

20. SEPTEMBER

Holten gestern vier Ladungen Holz, knapp vier Ster. Es fällt schwer, sich wieder darauf einzustellen, mit jemandem zu sprechen und jemandem zuzuhören. Ich freue mich, dass Elizabeth da ist, bin aber erstaunt, wie sehr ich mich erst wieder umgewöhnen muss.

Nachts gab es schon Frost, so um die minus vier Grad; tagsüber können wir noch in Hemdsärmeln und barfuß gehen.

Die Hunde haben noch mehr Knochen gefunden. Hier oben scheint immer irgendetwas zu sterben.

Erledigungen: Schornsteinklappe reinigen. Hühnerstall ausmisten und in ein Winterquartier für Hunde verwandeln. Asche aus dem Kamin und den Holzöfen schaufeln. Noch mehr Holz besorgen.

»Wenn du zum Holzmachen gehst, zieh dir hohe Stiefel an, damit deine Knöchel von den stacheligen Ästen verschont bleiben, und nicht zu lange Hosen, unten schön weit, am besten so eine Art Hochwasser-Schlaghosen, sonst verfängst du dich in den kleinen Zweigen, die dir zwangsläufig ins Hosenbein rutschen, und legst dich auf die Nase.« So hatte es mir Truman neulich abends bei ein paar Bierchen im Shame eingebläut, trotzdem hatte ich seinen Rat vergessen, bis mich gestern ein vorwitziger Zweig ins Straucheln brachte. Alle sind sehr hilfsbereit und immer mit guten Ratschlägen zur Stelle.

Gestern stellte ich Elizabeth in McGarys Laden vor. Dick erzählte, wie schön der Winter sein kann; wie in ihrem ersten Jahr hier oben der Wind-Kälte-Faktor bis auf minus sechzig Grad abgesackt war; wie man an einem besonders klaren, kalten Wintertag, wenn man ganz allein ist und hochschaut, den Himmel funkeln sehen kann vor lauter wirbelnden, glitzernden Eiskristallen – über einem nichts als der weite Himmel und diese Kristalle, die durch die blaue Luft segeln, auch wenn es völlig windstill ist.

Frostschutzmittel überprüfen. Eine simple Vorsichtsmaßnahme, die jemand aus dem warmen, leichtlebigen Mississippi leicht vergessen kann.

Zu Hause wollen alle unbedingt, dass ich Bilder schicke, nur wenige spielen ernsthaft mit dem Gedanken, uns hier zu besuchen. Mir soll es recht sein. Ich werde Bilder machen.

Vor ein paar Abenden, als ich gerade Holz holte, sah ich ein paar Waldhühner, große, muskulöse, wachtelähnliche Vögel, gute Läufer und Segler – und sie schmecken wunderbar.

Tom und Nancy habe ich seit Elizabeths Ankunft nicht mehr gesehen. Ich muss öfter an Nancy denken. Am liebsten möchte ich

den beiden den ganzen Tag, den ganzen Winter Fragen stellen – über Traumfänger, über Raben, übers Fallenstellen.

Überall herrscht die einmütige Ansicht, dass dies ein strenger Winter wird: Die Felle der Hirsche werden schon dicker, die Bärte der Männer wachsen schneller, und die Alten spüren es in ihren Knochen und am Herzen. Die Sterne leuchten nachts fast grell vom schwarzen Himmel, die Bäume stehen scharf und dunkel gegen das Abendlicht. Auf der Rückfahrt vom Shame spät abends habe ich schon die ersten weißen Schneehasen gesehen. Sie haben alles auf eine Karte gesetzt, auf ihr Gefühl, dass es ein früher Winter wird, und ein strenger Winter dazu.

Riesige weiße Hasen wie aus dem Zylinder eines Zauberers, groß wie Katzen, verstecken sich in der Dunkelheit des Waldes und warten darauf, dass der erste Schnee ihnen das Leben rettet – ihnen, den schlauesten aller Hasen, die sich in Tausenden, Zehntausenden von Jahren herausgebildet haben. Die Dummen, die auch im Winter braun blieben, wurden ebenso ausgemerzt wie die Planlosen, die ohne Grund weiß wurden oder zu früh, lange vor dem ersten Schnee die Farbe wechselten. Sie konnten sich nirgends verstecken, wurden zur weithin sichtbaren Beute für Wölfe, Kojoten, Falken, Eulen, Pumas, Luchse. Und die zu lange braun blieben, die den harten Winter nicht rechtzeitig kommen sahen, wurden genauso schnell aufgefressen.

Es ist wohl anzunehmen, dass diese Hasen Bescheid wissen. Was für ein bemerkenswertes Wagnis, durch einen so radikalen Farbwechsel das eigene Leben aufs Spiel zu setzen, und das zweimal jährlich, denn die Hasen müssen ja mit der gleichen Sicherheit voraussehen können, wann es an der Zeit ist, wieder braun zu werden. Ich habe sie mit eigenen Augen gesehen, die ersten Schneehasen, die nach Sonnenuntergang aus der Deckung des Waldes kamen, weiße Hasen, die über die Holzfällerwege hoppelten, als ich mit einer Ladung Holz den Berg herunterkam. Sofort habe ich die Fenster heruntergekurbelt und versucht, es selbst zu fühlen, zu lauschen und zu lernen, anstatt es mir immer nur von anderen erklären zu lassen. Ich glaube, dass ich es lernen kann.

Vor dem Dirty Shame sehe ich im Vorbeifahren Autos stehen und Pick-ups – vor allem Pick-ups –, es sieht warm und einladend aus, ein schimmerndes Licht in den nächtlichen Wäldern. Aber ich habe mein Fenster heruntergekurbelt und kann fühlen, zum ersten Mal richtig fühlen, was ich so unbedingt fühlen wollte. Es sagt mir, dass ich spät, vielleicht zu spät in dieses kleine Tal gekommen bin. Doch als ich zu Hause bin, das Holz von der Pritsche lade, die frisch geschnittenen Stämme rieche und die Stille der Wälder um mich herum höre, spüre ich es, wie die Hasen, ich fühle: besser spät als gar nicht. Mit einer Taschenlampe bewaffnet, fahre ich nach elf Uhr noch einmal hinaus in die Nacht, wieder am Dirty Shame vorbei und den Berg hinauf, um noch mehr Holz zu holen. Auf diese Weise versuche ich das zu besiegen, von dem ich jetzt weiß, und nicht mehr nur glaube, dass es bald kommen wird.

Ich habe das deutliche Gefühl, dass es besser ist, nicht aufzuhören, dass ich verlorene Zeit aufholen muss.

Wirre Träume von dem Graubraunen auf der Weide, sein Gesicht schneebedeckt, sein Rücken dem Wind ausgesetzt, starrt er geradeaus, als sähe er etwas in weiter Ferne, als beobachtete er, wie durch ein Fernglas, den Frühling und das Tauen, das neue Grün.

Träume von schweren, in gefrorenes Holz fahrenden Äxten, von dampfendem Kaffee aus einer Thermosflasche, von uns im Dirty Shame versammelten Bewohnern des Yaak Valley, durch einen Schneesturm von der Außenwelt abgeschnitten, wie wir die Fußballer auf einem kleinen Fernsehschirm anfeuern und schreiend Wetten abschließen, wer gewinnen wird.

Was Edward Hoagland die Tapferkeit der Schildkröten nannte, kann ich an der Weisheit der Schneehasen beobachten. Es gibt so viel zu lernen. Alles, was ich bisher gelernt habe, hat sich als falsch erwiesen. Ich muss wieder von vorn anfangen. Heute will ich Nancy suchen und sie noch einmal zu den Traumfängern befragen, wie sie funktionieren und ob es auch Lebensfänger gibt, obgleich ich jetzt schon weiß, was sie mir antworten wird: Ja, natürlich gibt es die.

Es kann so wunderbar sein, wenn man merkt, dass man im Unrecht war, dass man unkundig ist, dass man nichts weiß, keinen Schimmer hat. Wie gut, dass man noch einmal von vorn beginnen kann. Wie beim ersten Schnee, jedes Jahr wieder. Er fällt sanft und lautlos, und doch birgt er die stärkste Kraft, die man sich vorstellen kann. Später im Winter werden Bäume knacken, krachen und sich spalten. Alles öffnet sich und lernt. Lernt, wie es wirklich ist.

Durch den ganzen Wald, sagen die anderen, kann man die Bäume in der kältesten Nacht des Jahres krachen und knallen hören wie Feuerwerkskörper, wie Kanonen, wie ein mächtiger Salut, während die schlauen Hasen sich still, warm und weiß im Schnee verborgen halten, gerettet, weil sie gelernt und auf die richtige Farbe gesetzt haben.

Nancy erzählte mir im Shame, im letzten Jahr habe sie sich beim Skifahren das Handgelenk verletzt. Es habe nicht heilen wollen, ihre Hand sei völlig steif gewesen; dann habe ihr irgendjemand gesagt, sie solle aufhören, Kaffee zu trinken, und das habe sie auch getan. Zwei Tage später sei ihr Handgelenk wieder beweglich und stark gewesen.

Die ganze Nacht über Kopfschmerzen und schlechte Träume von Tod, Mord, Krebs, Feuer, Verkehrsstaus. Ich brauche dringend einen Traumfänger.

Abend. Ich schreibe wieder und schiebe frisches Holz in den Ofen. Kleine Scheite, so dick wie Unterarme, die schneller verbrennen als man hinschauen kann. Energie. Ich kann gar nicht genug Holz bekommen. Das Holz verbreitet im Tal einen herrlichen Duft. Natürlich wohnen hier nur rund dreißig Menschen. Eine angemessene Zahl. Dirty Thirty. Und nächsten März werde ich dreißig Jahre alt. Aber wenn jeder auf dieser Welt so viel Holz verfeuern würde wie wir, wäre der Planet völlig vernebelt, eine einzige große Holzrauchwolke. Ich weiß nicht, wie ich darüber denken soll. Wir machen Dreck, aber wir machen es uns so richtig gemütlich dabei.

Ich bringe mein Aluminium zum Recycling! Ich werfe keinen Müll in die Landschaft! Ich versuche, auf die Steine, nicht auf die Erde zu pinkeln, damit bloß kein noch so winziges Lebewesen an einer Überdosis Stickstoff stirbt!

Ich weiß noch gut, wie mein Vater auf mich zeigte und das Wort »Schwachkopf« aussprach: »Schwach-kopf«. Vielleicht bin ich ein Schwachkopf, weil ich Holz als Brennstoff benutze und kein Propangas (das ähnlich teuer ist, obgleich ich mein Holz umsonst bekomme, wenn ich meine Säge, meine Axt und meine Muskeln einsetze).

Wir machen alle Dreck. Holz ist besser als Kohle, aber schlechter als Gas.

Nein, das ist heuchlerisch, die reinste Ausrede. Holz als Brennstoff ist schlecht, ineffizient und verschmutzt die Umwelt. Aber es riecht so gut. Es macht Spaß, Holz zu hacken. Ich sehe so gerne den züngelnden Flammen zu, ich liebe das Knacken und Knallen im Holzofen, und wenn ich tot und begraben bin, werde ich froh sein, dass ich mit Holz geheizt habe.

»Schwach-kopf«, werden die Kinder späterer Jahrhunderte mir nachschreien. Aber in ihren Schreien wird ebenso viel Neid wie Wut mitschwingen (wir sind alle gleich, sind es immer gewesen), außerdem liegt das Holz hier nur so herum, überall, es kostet nichts, und irgendwie muss auch ich überleben. Das klingt, als wollte ich sagen, erst komme ich. Jetzt bin ich an der Reihe, kann gut sein, dass ihr es niemals so weit schafft.

Sie müssten mal hören, wie mein Vater das sagt – im Straßenverkehr, wenn er sich ärgert, oder beim Fernsehen, wenn der Trainer einer Baseballmannschaft eine falsche Entscheidung trifft: »Schwach-kopf«. Wie eine große Meereswelle, die sich hoch über das »Schwach-« erhebt, tosend zusammenbricht und bei »-kopf« langsam ans Ufer schwappt. Das Schimpfwort zukünftiger Zeiten, fürchte ich, wird eher »Umweltfrevler« sein…

Ich weiß, ich sollte mit Gas heizen, nicht mit Holz. Ich weiß es.

21. SEPTEMBER

Habe Elizabeth gestern Abend mit ins Dirty Shame genommen und überall vorgestellt. Wir tranken Bier und hörten uns Rons Geschichten an (wie er mit Nachnamen heißt, weiß ich nicht, er ist erst vor ein paar Tagen hier aufgetaucht). Ron hat in Kanada und

Alaska Holz gefällt und auf sinkenden Kuttern gefischt, dann ist er aus irgendwelchen privaten Gründen getürmt, dafür ist das Yaak Valley natürlich ideal: still, leer und direkt an der Grenze. Beim geringsten Anzeichen von Ärger braucht er bloß in den Wald zu laufen und sich in ein anderes Land in Sicherheit zu bringen. Ich weiß nicht, wer hinter ihm her ist. Ich weiß nicht, was man ihm vorwirft. Ich weiß nur, dass er mir sympathisch ist. Der beste Geschichtenerzähler, den ich je getroffen habe.

Dave Pruders Augen werden so groß wie die eines Kindes, und die Worte sprudeln nur so aus ihm heraus, wenn er aufgeregt ist. Er steht in seiner Schürze da, wischt Teller ab und trocknet Gläser, schaut einen an, wischt und trocknet immer schneller, während er erzählt, wo man die Elchkuh mit ihrem Kälbchen sehen kann (oben an der Pete Creek Road) oder wo ihm schon mehrmals der große Puma begegnet ist (hier oben werden sie bloß Katzen genannt). Schwer vorzustellen, dass er einmal wilde Pferde zugeritten hat, kleine, zähe Broncos, aber genau damit hat er sich früher sein Geld verdient. Er ist schlank und hoch gewachsen, mit krummen Schultern und hat immer eine Baseballkappe auf dem Kopf. Er ist um die fünfunddreißig, sieht aber so aus, als käme er geradewegs aus einem Studentenwohnheim. Diese Augen. Er kann über alles ins Schwärmen geraten, selbst wenn er erklärt, wie die verschiedenen Glücksspiele im Dirty Shame funktionieren.

Mir ist gleich aufgefallen, dass es im Shame nur Glücksspiele gibt – nichts, was irgendwelche Fähigkeiten erfordern würde. Vielleicht, weil in einem so anstrengenden, unbarmherzigen Land – wie wahrscheinlich überall sonst auch – die Abwesenheit bestimmter Elemente in der natürlichen Umgebung das Bedürfnis nach Ersatz an anderer Stelle schafft. Ich denke dabei an die Amish, die ein schrecklich (oder wunderbar) strenges und schlichtes Leben führen und sich in die immer gleichen düsteren Gewänder kleiden. Umso erstaunlicher sind die schönen, von bunten Farben nur so strotzenden Quilts der Amish-Frauen: die hellen Gelb- und Rosatöne, das tiefe Violett, die wilden Farbverläufe und die fantasievollen Zickzackmuster ihrer Sechseck-Quilts. So schlicht diese Frauen sich kleiden mögen, durch ihre Finger gleitet bei der Arbeit mit Nadel und Faden etwas ganz anderes, Farbenfrohes, das wohl in ihnen, aber nirgendwo um sie herum ist, weil ihr Glaube es ihnen verbietet: Aufregung.

Das am häufigsten gespielte Spiel im Shame heißt Shake-a-day. Wenn man etwas zu trinken kauft, steckt man einen Vierteldollar in den Pott und darf dafür versuchen, mit fünf Würfeln drei, vier oder fünf gleiche Zahlen zu werfen. Man darf aber nur einmal würfeln und muss jedes Mal ein Getränk kaufen, wenn man würfeln will. Bei drei gleichen Zahlen gibt's ein Freigetränk, bei vier gleichen Zahlen geht alles, was man an diesem Abend trinkt, auf Kosten des Hauses. Bei fünf gleichen Zahlen bekommt man den ganzen Pott, all die angesammelten Vierteldollarmünzen, teilt sie aber mit dem, der zu der Zeit gerade Thekendienst hat.

Zurzeit sind etwa 200 Dollar im Pott (achthundert Würfe!). Bei meinem ersten und einzigen Wurf hatte ich drei gleiche Zahlen und bekam ein Bud Light spendiert – eine kleine Sensation gleich bei meinem ersten Besuch in der Bar, die mein Vorhaben, mich unauffällig unter die anderen Kneipengäste zu mischen, auf Anhieb torpedierte. Aber das ist Vergangenheit. Ich habe seitdem nicht mehr gespielt, aus Angst, ich könnte den Pott gewinnen: Fremder kommt in die Stadt, zockt das Geld ab und verschwindet wieder.

Ebenfalls sehr beliebt ist die Schneewette. Man muss tippen, wann der erste Schnell fällt. Bei diesem Spiel bin ich bedenkenlos eingestiegen, es zu gewinnen, würde mir ein wenig Respekt einbringen, würde zeigen, dass ich für dieses Fleckchen Erde genug Feingefühl oder zumindest Glück mitbringe, dass auch ich spüren kann, wann die ersten Flocken fallen. Allerdings nicht oben in den

Bergen, wo es schon im Juni, Juli oder August schneien kann, sondern hier unten im Yaak Valley, auf der Haupt- und einzigen Verkehrsstraße, direkt vor dem Saloon.

Ich habe auf den 28. September getippt. Mein Einsatz betrug einen Dollar. Es war noch ein zweites Datum frei, der 22. November, also habe ich den auch gleich mitgenommen. Seit drei Jahren herrscht eine ziemliche Dürre, wer weiß.

Dann gibt es noch eine Footballwette für die Spiele, die am Montagabend stattfinden, der Einsatz beträgt ebenfalls einen Dollar, dazu irgendein anderes Spiel, das ich nicht verstehe, gleich neben der Tür. Und Kartenspiele, bei denen Suzie austeilt und immer gewinnt, sie schlägt all die bärtigen Holzfäller, die sich um ihren Spieltisch versammelt haben – manchmal sechs oder sieben an der Zahl. Nachdem sie den ganzen Tag über Holz aus dem Wald geschleppt, kaputte Kettensägen und Wasserpumpen repariert, Pferde gefüttert, Zäune geflickt, Fallen überprüft und all die anderen täglichen Aufgaben ihres harten Lebens erledigt haben, wollen die Männer und Frauen aus dem Yaak Valley nur noch eines: sich zurücklehnen und sich daran erinnern, wie das Glück aussieht, wie es sich anfühlt, auch wenn es nicht das eigene ist.

Der Gewinner wird immer beklatscht und bejubelt. Und der Erfolg steigt niemandem zu Kopfe, wie ich das anderswo erlebt habe – in Städten zumeist. Hier oben weiß jeder ganz genau, dass nichts als Glück dazugehört – und das ist unsichtbar, belanglos, unbedeutend. Zu nichts Vernünftigem zu gebrauchen.

22. SEPTEMBER

Wer hier oben lebt: Töpfer, Holzfäller, Trapper, Fremdenführer (für Jagd- und Angeltouren), ein ehemaliger Rodeo-Clown, ein früherer Pferdezureiter und ein Zimmermann. Ein Schriftsteller. Eine Malerin.

Elizabeth und ich denken daran, eine ganze Weile hier zu bleiben.

24. SEPTEMBER

Das »Ortszentrum« von Yaak – der Laden, der Dirty Shame Saloon sowie die schutzlos den Elementen ausgesetzten beiden öffentlichen Fernsprecher mit je einem Baumstumpf daneben als Sitzgelegenheit – liegt nur sechs Meilen nördlich von unserer Ranch entfernt. Yaak selbst liegt direkt an der Grenze zu Kanada, am Ufer des Yaak River, der langsam und beschaulich dahinfließt, sich durch Wiesen und Weiden schlängelt. Im Fluss stehende Elche sind keine Seltenheit, nur Fische gibt es äußerst wenige. Massive Abholzungen am Nordlauf haben Ablagerungen in den Fluss gespült, sodass unten im Flussbett unter dem glasklaren Wasser eine knapp einen Zentimeter dicke Lehmschicht liegt. Sie macht es unmöglich, dass die Forelleneier sich im Kies einnisten können.

Der Fluss fließt also durch den Ort und das Tal am Fuß der Berge – darunter der höchste, schneebedeckte Berg, Mount Henry. Ein idyllischer Anblick.

Nur mit dem Angeln ist es mau. Es ist eben fast, aber nicht ganz ein Paradies hier oben. Und wenn ich es richtig verstehe, braucht man das auch, um ein Paradies überhaupt als solches zu erkennen: einen Makel, einen Haken, ein kleines Übel, das einem bewusst macht, wie wundervoll alles andere ist, Luzifer, den gefallenen Engel im Himmel, die Schlange im Garten Eden. Nicht alle im Tal wollen daran glauben, dass es die Ablagerungen sind, die den Fluss veröden ließen. Sie wollen nicht wahrhaben, dass es mit dem Angeln vorbei ist, oder sie wollen die Holzindustrie nicht schlecht machen, die, wenn auch nur vorübergehend, einigen von ihnen Arbeit gibt. Sie behaupten einfach, der Fluss wäre leer gefischt, man bräuchte nur ein paar Tiere auszusetzen, ein paar frische Exemplare aus der Forellenzucht...

Manchmal, wenn ich den Fluss überquere, um Holz zu holen oder zum Laden zu fahren, wo es die wichtigsten Dinge zum Überleben gibt – Lebensmittelkonserven, Frühstücksspeck, Getränkedosen, Salz, Batterien, Streichhölzer –, spüre ich ein leichtes Bedauern, wenn ich auf das schöne, leere Wasser hinunterblicke. Grüne Wiesen überall, diese Berge und der majestätische Wald, der sich auf ihnen erhebt. Hirsche – Hirschkühe mit ihren Kälbern – springen vor mir über den Weg. Wenn ich dann den fischleeren Fluss sehe, komme ich mir vor wie ein alter Mann, als wären dies die besten Tage, die mir noch blieben – als würde der stete Niedergang des Körpers, mit dem wir alle zurechtkommen müssen, mich auch hier oben einholen, hier, in diesem Tal, das ich bereits so sehr liebe. Auch aus diesem Grund sehne ich den Winter, den Schnee herbei.

Ich habe sie immer als bedauernswert empfunden, diese Menschen, die sich, manchmal sogar bei lebendigem Leibe, einfrieren lassen, um einer tödlichen Erkrankung zu entgehen. Sie tun mir Leid, und doch kann ich sie irgendwie auch verstehen. Der Winter verlangsamt alle Lebensprozesse, und eines steht fest: Er kann ebenso begraben und beschützen wie töten und zerstören.

Die Straße zur Außenwelt – die Straße zur nächsten richtigen Ortschaft – führt nicht nach Norden, zur Grenze hin, sondern nach Süden, nach Libby (was für ein hübscher Name für so ein kleines Städtchen). Zwischen uns und Libby liegen nur Berge, und die Straße, die über sie führt, ist wunderschön. Es ist eine richtige Abenteuerstraße, wie aus einem alten Film, der das Wort »Piraten« oder »Shanghai« im Titel führt. Sie schlängelt und windet sich um spitze Kurven, schwingt sich zwischen steilen Berghängen hin und her, dreht unübersichtliche Schleifen und strebt doch unaufhaltsam der Passhöhe zu. Dabei folgt sie erst dem Südarm des Yaak River, dann dem nach dem Speckstein, den man an seinen Ufern findet, benannten Pipe Creek (aus diesem Speckstein stellten die Kootenai-Indianer Pfeifen her). Wie Yaak liegt Libby an einem Fluss, dem breiten, schnellen, mit reichlich Forellen gesegneten Kootenai River. Libby lebte bisher vor allem von der Holzverarbeitung. Es hat 2400 Einwohner, die sich, wie man dies im Westen so häufig findet, durch ihr Verhältnis zur Umwelt in zwei Lager gespalten sind.

In Libby gibt es einen richtigen Lebensmittelladen mit frischem Obst aus Kalifornien, einer Fischabteilung und verschiedenen Arten von Käse. Es gibt Anwälte, Friseure, einen Tierarzt, ein Gericht, eine Bibliothek, einen Fotokopierer, Hotels, Cafés, Sportwarenläden, Eisenhändler, einen Buchladen, Autowerkstätten, Schulen, einen Bahnhof, Kinder, ein Kino namens Dome, ein Drive-in, das nur im Sommer geöffnet ist – und die großartigen Cabinet Mountains auf der anderen Seite des Flusses, die sich hoch über die Stadt erheben, die Flanken voller hässlicher Narben von Kahlschlägen, dazwischen aber auch noch einige verborgene Schätze, Gletscher und hoch gelegene Bergseen.

Libby wird bald aus allen Nähten platzen, aber zum Glück ist es siebenunddreißig Meilen von uns entfernt und mit Yaak nur durch eine kaum passierbare Straße verbunden, wir können also durchaus hoffen, dass man die Explosion oben im Yaak Valley nicht hören wird. Die Noranda Mining Company, eine Firma in kanadischem Besitz, will die weltgrößte Silbermine unter die Cabinet Mountains Wilderness Area graben und hat bereits einen Antrag zur Befreiung von den verschiedensten Auflagen zum Schutz des Grundwassers und so weiter gestellt.

Ich merke, wie mein Atem schneller geht. Dies gehört nicht in ein Tagebuch über den Winter, ein Tagebuch des Friedens. Soll ruhig jeder meine Meinung zu diesen Dingen kennen, am Ende glauben doch alle, was sie wollen. Ich will niemanden für oder gegen Kahlschläge, schlampige Minenverwaltungen oder Staudämme einnehmen. (Direkt unterhalb des imposanten Wasserfalls sollte der Kootenai River durch einen großen Damm gestaut werden!) Man steht entweder auf der einen oder auf der anderen Seite, die Schlachtlinien sind gezogen, die Seiten längst gewählt.

Das Schöne an der Straße von Yaak nach Libby – der Straße in die große Stadt – ist, dass sie im Winter häufig über längere Zeit unpassierbar bleibt. Unser Tal kann völlig einschneien, von der Außenwelt abgeschnitten werden, und was schon bei schönem Wetter nicht ganz ungefährlich ist – die überhängenden Felsen auf der einen, die tiefe Schlucht des Pipe Creek auf der anderen Seite –, kann bei vereisten Wegen oder Schneestürmen selbstmörderische Dimensionen annehmen (weiße Totenkreuze säumen denn auch den Straßenrand). Im Sommer oder im Herbst braucht man bis Libby – oder, noch wichtiger, von Libby nach Yaak

– eine Stunde, im Winter kann es gut doppelt so lange dauern, und häufig kommt man überhaupt nicht durch.

Falls Libby sich also unbedingt dem unausweichlichen Wirtschaftskreislauf von Aufschwung und Niedergang unterwerfen will, wenn es will, dass seine Bevölkerung sich vorübergehend verdreifacht, Wohnwagensiedlungen und Kriminalität Einzug halten, auf dem Postamt und anderswo lange Schlangen entstehen, dann ist das Libbys Entscheidung und braucht mich nicht zu kümmern.

Im Augenblick ist Libby jedenfalls noch eine nette, ruhige Kleinstadt am Ufer eines prächtigen Flusses. Manchmal soll es noch vorkommen, dass ein Elch mitten durch die Stadt spaziert. An einem sonnigen Tag kam sogar ein Bär in die Innenstadt gewandert und hat die Pflanzen aus den Blumenkästen vor den Geschäften gezogen. Falls die Mine wirklich kommt und Libby zu eitern und zu schwären beginnt, wird auf der anderen Seite der Berge in Yaak nichts davon zu spüren sein. Elizabeth und ich werden oben in den Wäldern sein, eingeschneit und abgeschnitten, wir werden nicht sehen, was hier vor sich geht, und wir werden versuchen, nicht daran zu denken.

Am Ortsrand von Libby, wo auch der Forest Service sein Hauptquartier hat, gibt es ein ganz verwunschenes Tenniscenter – zwölf herrliche Tennisplätze in einem kleinen, bewaldeten Park. Im Hintergrund rauscht der Fluss, und durch die Baumkronen kann man die Enten und Gänse über sich kreisen sehen. Nur Tennisspieler sucht man vergeblich. Wir haben alle zwölf Plätze für uns, wenn wir nach unseren Erledigungen in der Stadt dort spielen gehen, den Duft der Kiefern einsaugen und zu den schneebedeckten Cabinet Mountains aufsehen, die uns die Sicht zum Himmel verstellen. Das Clubhaus ist verlassen, die Fenster sind schmutzig, die Räume stehen leer. Irgendein reicher alter Mann, einer der ersten Holzfäller, muss sein ganzes Vermögen für den Bau des Centers hinterlassen haben. Vielleicht war er ein Tennisfan, der in seiner Güte die Vorstellung hatte, er könnte nicht der Einzige sein, irgendwo in den Bergen müsste es Leute geben, die seine Vorliebe für Tennis teilten und, genügend Plätze in traumhafter Umgebung vorausgesetzt, herbeiströmen würden und ein großes Tenniscenter mit Leben erfüllen.

Es gibt weder Eintrittsgebühren noch jemanden, der diese würde eintreiben können. Wir schlendern unter den hohen Bäumen geradewegs durch das offene Eingangstor. Die Hunde jagen über die leeren Plätze, nur von dem Platz, den wir uns zum Spielen ausgewählt haben, halten sie sich respektvoll fern. Raben krächzen in den Bäumen, die Spätherbstsonne fällt trocken und dünn durch die Kiefernzweige, die dräuenden Berge sehen dem Winter entgegen; doch noch herrscht Nachsommer und mit lautem Tock treffen die Bälle mit voller Wucht auf den Tennisschläger.

Wir haben das Blaue vom Himmel gewonnen, Elizabeth und ich, als wir dieses Tal, dieses Leben fanden. Wir sind dem Himmel ein Stück entgegen geflogen.

25. SEPTEMBER

Außer Grizzlybären, Waldhühnern, Elchen, Maultierhirschen, Wapitihirschen, Stachelschweinen, Enten, Gänsen, Eulen, Schneehasen, Pumas, Luchsen, Schwarzbären, Kojoten, Grauwölfen (einigen wenigen), Dachsen, Mardern, Fischmardern und Järven haben wir in unserem Tal auch einen Wasserfall, zu dem der Fish Lakes Trail hinaufführt.

Man steigt durch eine schmale, von feuchten Farnen gesäumte Schlucht, folgt dem Lauf des Vinal Creek und schaut zu riesigen Lärchen und Zedern auf – das, was man Altbestände nennt, Bäume, die nie gefällt wurden und für die Vielfalt und das Überleben des Waldes so notwendig sind wie alte Menschen für eine Kultur oder eine Zivilisation. Man kann den Pfad zum Wasserfall bei leichtem Regen hinaufgehen ohne nass zu werden, so dicht ist das Blätterdach. Nornen, eine Orchideenart, blühen am Wegesrand. Dass man sich dem Wasserfall nähert, merkt man daran, dass die Luft immer dichter und schwerer wird – und bald hört man ihn auch.

Dann, durch die großen Bäume, offenbart sich der Zauber: Wasser, das über eine hohe Klippe stürzt, Wasser, das alles mit sich reißt.

Ein gutes Buch über den Nordwesten Amerikas ist Raymond Carvers *A New Path to the Waterfall*. Ich weiß nicht, ob Carver jemals den Vinal Creek hinaufgewandert ist, auch wenn ich es gern glauben möchte. In seinem Gedicht »Suche nach Arbeit« schreibt er:

> Ich wollte schon immer Bachforelle
> zum Frühstück.
>
> Da, unerwartet ein neuer Pfad
> zum Wasserfall.
>
> Ich eile.
> Wach auf,
>
> sagt meine Frau,
> du hast geträumt.
>
> Doch als ich versuche aufzustehen,
> neigt sich das Haus.
>
> Wer träumt hier?
> Es ist Mittag, sagt sie.
>
> Meine neuen Schuhe warten an der Tür,
> sauber und glänzend.

Über Wasserfälle zu schreiben, glaube ich, sollte man gar nicht erst versuchen. Es ist nämlich genau so: Je näher man dem Wasserfall kommt, desto mehr beeilt man sich; man starrt auf das Becken darunter und denkt an Fisch; und das eigene Haus, die eigene Welt, der eigene Alltag erscheinen tatsächlich schief, wenn man versucht, den Blick von dem Wasserfall zu wenden. Das herabstürzende Wasser ist fesselnder als Feuer, als Flammen.

Neben dem Wasserfall liegt eine kleine Wiese mit einer malerischen Bank aus Baumstämmen. Hölzerne Fußgängerbrücken, in den 30er Jahren erbaut, führen kreuz und quer über das klare Wasser. Schatten von Forellen gleiten über den kiesigen Grund. Ich setze mich auf die Bank und sehe zu, wie das Wasser herunterkracht – ein Donner, der einen Wirbel aus Nebel zum Leben erweckt, Nebel, der wie Rauch die Klippe hinaufzieht, als wollte das Wasser seinen Sturz rückgängig machen und auf diesem Wege wieder nach oben gelangen.

Auf allen Felsen rund um den Wasserfall und das tiefe, brodelnde Becken wächst dickes, schwammiges, grellgrünes Moos. Und es gibt eine Wasseramsel, nur eine einzige, die auf den moosigen Steinen sitzt und auf und nieder wippt, genau wie – Romantiker allerorts, werden mich für diesen Gedanken erschlagen – eine automatische Heftmaschine, wie der kleine Vogel in einer Kuckucksuhr, ein rhythmisches, mechanisches Knicksen. Zwischen den stillen, von feuchter, schwerer Luft umhüllten Bäumen und den Nebelschwaden des tosenden Wasserfalls springt diese kleine Bewegung ins Auge wie ein neonfarbenes Reklameschild. Ein kleiner, bräunlicher Vogel tut, was er tun muss, hockt auf dem hellgrünen Moos und tänzelt, auch wenn es zum Balzen ein wenig spät im Jahr sein mag.

Mir fällt ein, was John Muir über eine Wasseramsel schrieb, die ihn vor fast einhundert Jahren ähnlich bezauberte. In *The Mountains of California* widmete er dieser Wasseramsel ein gesamtes

Kapitel, zeichnete den Vogel in den verschiedensten Posen und nannte ihn einen »ausgesprochen possierlichen und liebenswerten kleinen Kerl«.

> Suche einen Wasserfall, eine Kaskade oder eine Stromschnelle irgendwo an einem klaren, rasch strömenden Gewässer und du wirst mit Sicherheit die dazugehörige Wasseramsel finden, wie sie im Sprühnebel flattert, in schäumende Strudel taucht und sich wie ein Blatt über den zerschellten Schaumkronen herumwirbeln lässt; unermüdlich und voller Begeisterung, doch vollkommen mit sich selbst beschäftigt, sucht sie deine Gesellschaft nicht, noch fühlt sie sich von ihr gestört.

Genau! In den letzten einhundert Jahren haben sich – jedenfalls in dieser engen Schlucht im äußersten Nordwesten Montanas – die Wasseramseln nicht verändert. Ich fühle mich in eine ferne Zeit gezaubert, in die Vergangenheit zurückversetzt. Auch deshalb sind wir hergekommen: um eine noch völlig unverdorbene Wasseramsel zu sehen. Dieser wirbelnde Sog, dieses positive Sichverlieren, dieses Eintauchen in eine andere Welt. Das ist besser, als einen Roman zu lesen – und mit Sicherheit besser, als einen Roman zu schreiben.

Ich schaue der Wasseramsel so lange und mit solch innerer Freude zu, dass sich nach einer Weile mein Gewissen regt. Muir schreibt, die Wasseramsel treffe man in der Regel allein an, und so ist es auch bei meinem Vogel. Ich bin ebenso allein wie er, habe Elizabeth auf der Ranch zurückgelassen. Ich vermisse sie und frohlocke zugleich über die Leere, die tiefe Wildnis.

> Sie ist der Liebling der Gebirgsbäche, der Kolibri munter fließender Gewässer, sie liebt das Plätschern über

> Kiesel und Steine, die kleinen Schaumkronen wie eine Biene die Blumen, wie die Lerche den Sonnenschein, die Wiesen und Felder. Unter allen Bergvögeln hat keiner mich auf meinen einsamen Wanderungen so unfehlbar und treu erheitert wie sie.

Mehr als zwanzig Seiten lang singt Muir das Loblied auf seine Wasseramsel; ich schaue meiner zwanzig Minuten zu.

Noch etwas von Carver, aus »Woman Bathing«:

> Naches River. Gleich unter dem Wasserfall.
> Zwanzig Meilen zur nächsten Stadt. Ein Tag
> erfüllt von Sonnenlicht,
> schwer von den Düften der Liebe.
> *Wie lange haben wir noch?*

Es wird spät. Ich denke an Elizabeth und mache mich auf den Rückweg.

26. SEPTEMBER

In der Nähe unserer Ranch lebt ein riesiger eulenartiger Vogel, von dem man meinen könnte, er wäre über einen Meter groß. Wir haben in einem Buch nachgeschaut: Es ist ein großer Waldkauz. Er sitzt reglos auf einem Zaunpfosten und schaut uns zu, wie wir vom Wagen zum Haus, vom Haus zum Wagen, in den Holzschuppen und ins Gewächshaus gehen. Manchmal legt er den Kopf schief und lässt sich ins hohe Gras oder das Heu rund um die Scheune fallen, um Mäuse zu fangen, mit denen er dann herumfliegt. Die Maus hängt aus seinem Schnabel wie ein schlaffer Lappen, bis er auf dem nächsten Pfosten oder einem Baumstumpf landet. Die Leute sagen, den großen Waldkauz hätten sie schon immer in der

Nähe von Fix Ranch gesehen. Ich zähle die Fehlangriffe in seinem Krieg gegen die Mäuse und rechne sie gegen seine Erfolge auf. Meist erreicht er eine Trefferquote von neun zu zehn. Wenn er einmal daneben trifft, ist man regelrecht überrascht.

Als ich letzte Woche morgens im Gewächshaus saß und schrieb, kam ein Kojotenweibchen aus dem Wald getrottet, ließ sich an einem sonnigen Fleckchen am Waldrand nieder und schaute die Straße hinunter. Der Wind zerzauste sein Fell – ich habe keine Ahnung, warum ich glaube, dass es ein Weibchen war, aber ich war mir vom ersten Augenblick an sicher. Nach einer Weile stand sie auf, um durchs hohe Grad davon zu schleichen. Dann sah ich sie springen, einer Maus nachjagen, die sie mit den Pfoten festzuhalten versuchte. In riesigen Sätzen hüpfte sie durch das Gras. Endlich, als ich schon anfing zu glauben, es gäbe gar keine Maus, sie jage einem bloßen Trugbild nach, stieß sie mit der Schnauze herab und hielt sie gleich darauf triumphierend zum Himmel empor, eine zwischen ihren Zähnen heftig zappelnde Maus.

Gleich darauf, aus reinem Spieltrieb oder weil die Maus sie biss – ich glaube fast, Letzteres war der Fall –, schwang sie die Maus weit in die Luft, sechs oder sieben Meter hoch. Dann stellte sie sich wie ein Mensch auf beide Hinterbeine und wartete darauf, dass die Maus herunterfiel, um sie aufzufangen. Das machte sie mehrere Male, bis sie zurück zu ihrem Fleckchen am Waldrand lief, sich hinlegte und die Maus verzehrte. Dann sah sie wieder auf den leeren Kiesweg und das dahinter liegende Feld hinaus.

Irgendetwas ging ihr dabei durch den Kopf, da bin ich mir ganz sicher. Sie saß ruhig und nachdenklich da, und der Wind spielte in ihrem Fell, das für den Winter schon dick und wollig geworden war.

Das Feld ist voller Mäuse. Sie huschen in die Scheune, verstecken sich im Heu, machen sich ebenfalls für den Winter bereit. Einige von ihnen werden ihn nicht erleben. Es sind dort draußen noch andere mörderische Kräfte am Werk als nur der Winter.

Auch die Kojoten und Eulen spüren die Kraft des Winters, die volle Wucht seiner heraneilenden Macht, die auf den Wald einen eher die Rivalität anfachenden als einen verbrüdernden Einfluss hat. Es ist eine alles verändernde, keine bewahrende Macht.

Sie fangen Mäuse wie ich Holz sammle. Wir sind uns alle ähnlich, eng miteinander verwandt.

27. SEPTEMBER

Die prächtigsten Tiere hier oben, die meine Seele am meisten berühren, ja die Wälder erst zu richtigen Wäldern machen, sind die Wölfe (von denen ich zwei) und die Grizzlybären (von denen ich bisher einen gesehen habe). Aber die (inzwischen vielleicht in allen Kontinentalstaaten der USA) seltenste Tierart ist das Karibu, das nordamerikanische Rentier mit den großen Schaufeln, das sonst praktisch nur noch in Kanada und Alaska vorkommt und das man immer in den Sonderausgaben von National Geographic sieht.

Karibus waren früher in allen alten Wäldern der nordwestlichen USA verbreitet, nicht nur in Montana, sondern auch in Minnesota, bis hin nach Maine. Vielleicht bin ich nicht besser als die so genannten Yuppies – ein hässliches Wort, für das ich leider keinen Ersatz kenne –, weil ich mich nach unberührter Wildnis sehne wie sie nach Geld, Besitz und Sicherheit. Ich will die Natur horten wie sie die schicksten Sportwagen. Ich will mich nicht mit Wölfen und Grizzlys begnügen (jeder andere Landstrich in den Kontinentalstaaten wäre froh, auch nur eine der beiden seltenen Tierarten zu haben), ich will auch noch Karibus.

Auf den alten Karten von unserer Gegend finden sich Namen, die mir das Herz brechen, Namen wie Caribou Creek und Caribou Mountain. Es kann kein Zufall sein, dass uns die Kartografen diese Namen überliefert haben.

Aber ich muss mich fügen. Auf Caribou Mountain gibt es keine Karibus mehr. Nur noch deren Geister vielleicht.

Jasper Carlton schreibt, die Karibus hätten »einen scharfen Geruchssinn, aber ein schwaches Sehvermögen und ein schlechtes Gehör. Was sie nicht riechen können, interessiert sie auch nicht und lässt sie unachtsam werden...

Durch ihre langen, stelzenartigen Beine und ihre großen, fast tortenförmigen runden Füße können Karibus (und insbesondere ihre Kälber) auf den ersten Blick recht tollpatschig erscheinen. Und doch befähigen sie gerade diese Merkmale dazu, sich in tiefem Schnee und nassem, sumpfigem Gelände sicher zu bewegen.«

Sie sehen wie Elche aus, aber sie sind kleiner, und Weibchen wie Männchen tragen Geweihe, große, weit ausholende Schaufeln, die sich über ihren Körper zurück und wieder nach vorne schwingen wie die Geweihe ihrer nahen Verwandten, der europäischen Rentiere. Wie war es, etwa in den 30er Jahren, als die Karibus noch durch dieses Tal zogen – scheu und zurückgezogen im Schutz der Wälder und doch, wenn sie sie nicht riechen konnten, weil der Wind von der falschen Seite kam, gegenüber den Menschen manchmal erstaunlich unbekümmert? Wie ging es einem Kind, das zur rechten Zeit aus dem Fenster eines zugeschneiten Blockhauses schaute? Wenn es dann auch noch Weihnachtszeit war, Abenddämmerung, und eine kleine Karibuherde vor seinen Augen durch den Schnee vorüberzog?

Eine letzte Herde mit ungefähr zwanzig Tieren wandert gelegentlich noch über die Grenze in unser Tal und das nördliche Idaho. Einige der Karibus tragen kleine Sender, mit denen sie das Idaho Game and Fish Department bestückt hat, obgleich sie in den tiefen Wäldern auch damit schwer zu orten sind. Möglich, dass der Genpool dieser letzten überlebenden Herde so zusammengeschmolzen ist, dass sie ohne Auffrischung von außen untergehen müssen. Dennoch werden sie vom U.S. Fish and Wildlife Service und dem U.S. Forest Service nicht als bedrohte Spezies geführt. Ich nehme an, man fürchtet die Auflagen, mit denen dann die wenigen alten Waldbestände belegt würden, denn genau diese Bestände braucht das Karibu, um zu überleben – um die bunten Flechten abzuweiden, die unter dem hohen Blätterdach der alten Baumriesen wachsen. Die meisten Leuten haben sich damit abgefunden, dass die Zeit der Karibus vorüber ist, sie hatten ihren Spaß, jetzt ist eben etwas anderes angesagt.

Seit 1900, schreibt Jasper Carlton, wurden lediglich hundertachtundfünfzig Vorkommen von Karibus im Grenzgebiet von Montana dokumentiert; damit seien sie zwar häufiger gesichtet worden als der Weihnachtsmann, aber sehr viel seltener als UFOs. Im Yaak Valley hat man das letzte Karibu im Jahre 1987 gesehen: ein einsamer Bulle, Mitglied der Moyie-River-Herde, die fünfundzwanzig bis dreißig Meilen nördlich der kanadischen Grenze lebt.

Weil sich das Revier einer Karibuherde über mehr als dreißig Meilen im Umkreis erstreckt, ist immer noch vorstellbar, dass man am richtigen Ort zur richtigen Zeit einmal ein Karibu zu Gesicht bekommt. Bäume gibt es noch genug hier oben – wenn auch ebenso viele wild wuchernde Kahlschläge. Aber von den mittelalterlichen Wäldern, wie sie das Karibu besonders mag, weil es nur dort seine geliebten Flechten findet, ist nicht viel übrig geblieben – von den alten Urwäldern, die durch den Konflikt zwischen dem Fleckenkauz und der Holzindustrie berühmt geworden sind.

Wie ich schon sagte, sie sehen ein wenig wie Elche aus, diese Karibus. Würde man von Staats wegen hier oben wieder eine Herde einführen, müsste man alle, die in den Wäldern jagen, über den Unterschied aufklären. Und der alte Wald – der winzige Bruchteil, der davon noch erhalten ist – müsste als Erstes geschützt werden.

Eine letzte Herde, die durch die Wälder über die Grenzen wandert – geisterhafte, seltene Tiere, die man sonst nur noch oberhalb des Polarkreises zu sehen bekommt, Tiere, die nur in den allerältesten Wäldern leben, die ein Tal noch zu bieten hat...

Es ist Zeit, mit dem Abholzen alter Waldbestände aufzuhören. Wenn wir sie bis auf den letzten Rest abrasiert haben, wird das gleiche Geschrei nach mehr Arbeitsplätzen und mehr Geld von vorne anfangen, und wir werden alle sehr viel ärmer geworden sein.

Ich möchte nicht schimpfen. Ich versuche, dies alles höflich, besonnen und respektvoll vorzubringen. Ruhig und sanft. Wie der fallende Schnee. Aber innerlich rase ich. Sicher, statt Kahlschläge vorzunehmen, kann man auch einzelne Stämme herausschlagen. Aber die großen Lärchen, die letzten Riesenzedern? Wo nur noch so wenige übrig sind, für das Überleben der Tiere aber so wichtig?

Manche Leute wollen Geld, andere wollen Karibus. Man muss einen Strich ziehen und sich auf die eine oder die andere Seite schlagen.

Hier oben in den Wäldern, nur wenige Meilen von Kanada entfernt, habe ich das Gefühl, mit dem Rücken zu dieser Grenze zu stehen. Wie für die Karibus gibt es auch für mich immer weniger Orte, an denen ich mich wohl fühlen kann.

Vielleicht ist es Angst ebenso wie Liebe, die so viele entschlossene Naturschützer antreibt.

28. SEPTEMBER

Ich bin noch immer beim Wehklagen. Aber Licht ist nichts ohne die Dunkelheit, von der es sich abheben kann. Selbst in dieser traumhaften Bergwelt gibt es Dunkelheit, sie lauert überall und lässt uns niemals vergessen, dass auch dieses Tal sich, ebenso wie alles auf der Welt, verändern und verloren gehen kann. Und doch ist es gerade dieser Aufruhr jenseits der Talgrenzen – das sich immer stärker beschleunigende Tempo der äußeren Welt –, das uns hilft, den Blick für die Schönheiten zu schärfen, die wir hier im Innern gefunden haben.

Ich kann mir vorstellen, nach diesem Tal so süchtig zu werden, für die Bewahrung meines Seelenfriedens so sehr auf dieses Tal angewiesen zu sein, dass es mich eines Tages zu seiner Geisel machen wird. Doch da auch wir Menschen sind, müssen Elizabeth und ich uns manchmal fragen: Was vermissen wir? Noch fällt die Antwort leicht und sie kommt schnell, nichts, aber auch gar nichts. Aber eines Tages wird auch hier – wie überall, glaube ich – eine Sehnsucht Einzug halten, wird ins Tal kriechen wie ein unmerklicher Dunst. Noch können wir sie nicht beim Namen nennen, können sie nicht packen – und ehe wir uns versehen, ist sie schon wieder auf und davon.

30. SEPTEMBER

Der letzte Tag des neunten Monats und wir haben eine Hitzewelle: 26 Grad. Schwitzend und mit nacktem Oberkörper spalte ich gerade Holz, als Kenny Breitenstein in seinem Riesentruck in unsere Auffahrt einbiegt. Er stellt sich vor und fragt, ob wir ihm Lärchenholz abkaufen wollen. Lärchenholz ist gut, und ich habe Interesse. Kennys Truck ragt hoch über mir auf, und ich muss blinzeln, wenn ich zu ihm aufschaue. Kenny ist zu höflich, um gleich bei seinem ersten Besuch bei uns auszusteigen. Er sagt, es handele sich um trockene Stämme, er habe sie letzten Herbst gefällt, weil er einen Zaun um sein Grundstück ziehen wollte. Für gut dreieinhalb Ster möchte er 25 Dollar haben. Ich müsste die Stämme selbst schneiden, aufladen und abtransportieren. Sie lägen nur etwa eine Meile von hier entfernt im Wald.

Ähnlich wie Zedern und Redwood-Bäume können Lärchen (auch Tamarak genannt) in dieser Gegend riesig werden. Die Stämme haben enorme Durchmesser und ragen zum Himmel wie die Türme von Kathedralen. Mehr als alles andere geben diese Baumriesen dem Nordwesten der USA sein charakteristisches Gepräge. Auch hinter unserem Haus stehen einige uralte Lärchen. Manchmal stößt man aber auch auf alte gefällte Stämme. Vor zehn, zwanzig Jahren zwischen den kleineren Bäumen herausgeschlagen, liegen sie auf Breitensteins Grund wie gefallene Riesen aus einer anderen Zeit, was sie ja auch sind: dunkle, vermodernde Riesenkadaver auf einem weichen Lager aus Farn, von grünem, samtigen Moos bedeckt. Das Innere der Stämme leuchtet orange bis bernsteinfarben und erinnert an frisches Kürbismus. Lärchenholz brennt heiß und gut, sauber und schnell. Gegen eine alte, trockene Lärche kommt so schnell nichts anderes an. Nicht einmal die Leute vom Forest Service wissen, wo es noch größere Mengen von Lärchenstämmen mit mehr als sechzig Zentimeter Durchmesser gibt – die meisten sind gefällt, verrottet oder dem großen Feuer von 1931 zum Opfer gefallen, das von Spokane bis Kalispell wütete, 250 Meilen Feuersbrunst.

Es gibt ganz kleine Schösslinge, deren Nadeln wie hellgrüne Spitzen aussehen, und junge Bäume, die sich im Frühherbst auf geisterhafte Weise in pures Gold verwandeln. Später im Herbst ist das Tal von ihren fliegenden goldbraunen Nadeln erfüllt, jeder Weg von einem weichen, hellen Polster bedeckt. Manchmal wachsen diese jüngeren Lärchen auch aus den alten, gefallenen Bäumen, die allzu eifrige Holzfäller erst geschlagen haben und dann nicht aus dem unwegsamen Gelände herausbringen konnten. Wie ein verborgener, vergessener Schatz modern diese riesigen Baumleichen in den stillen Wäldern langsam vor sich hin. Auf meinen Wanderungen hinter unserem Haus sind sie mir mehr als einmal begegnet.

Aber auf Breitensteins Grund liegt das beste Brennholz nutzlos im Wald herum, und während er meinen nackten Oberkörper in der Fast-Oktober-Hitze beäugt, ist ihm deutlich anzusehen, wie sehr er sich Schnee wünscht, richtige Schneestürme, den Holzverkauf fördernde grimmige Kälte. Doch er ist auch ein netter Mensch, groß, mit kurzen Haaren, den Mund voller Goldzähne, selbst vorne. Er hat dunkle, kluge Mandelaugen und trägt aus unerfindlichen Gründen einen halben Schnurrbart – die andere Seite ist abrasiert. Vielleicht, denke ich, während ich in der Hitze stehe und zu ihm aufschaue, ist das seine Art, Kunden wie mich zu irritieren, vielleicht will er grimmiger erscheinen, als er es in Wirklichkeit ist, ein harter Bursche, mit dem es sich nicht zu handeln lohnt. Ich wüsste zu gern, warum er einen halben statt eines ganzen oder einfach gar keinen Schnurrbart trägt, aber jetzt ist nicht die rechte Zeit, ihn danach zu fragen, ich werde den richtigen Augenblick abpassen müssen.

Ich sage ihm, dass ich ihm gern einen Teil des Holzes abkaufen würde. Meine Kinder mögen vielleicht niemals Lärchenholz verbrennen, ihre Kettensägen oder Äxte niemals in einen dieser kräftigen Sechzig-Zentimeter-Stämme versenken, aber ich werde dieses Holz nicht verrotten lassen, und wenn es doppelt so teuer wäre. Ich würde es allein schon deshalb kaufen, um es in Händen halten zu dürfen, es zu sägen und auf die Pritsche meines Trucks zu hieven, wie man es vor zwanzig Jahren getan hat, als man noch dachte, das Holz würde ewig reichen, und ein Baumriese nichts anderes war als eine Herausforderung für die besten und geschicktesten Holzfäller.

Es ist krank, es ist pervers, es ist mies – aber wenn jemand irgendwo eines Tages einmal, vielleicht sogar aus einem edlen Motiv (obgleich ich mir keines vorstellen kann), eine von den letzten Riesenlärchen fällen muss, wäre ich gern dabei und würde zuschauen. Ich würde gern sehen, wie viele Sägen man braucht, wie viele Ketten man anlegen muss, wie oft die Holzfäller zurücktreten, sich die Stirn wischen oder sich nach vorn beugen, um den Rücken zu entlasten. Ich würde das Ende des Baumes gern miterleben, vom ersten Knacken und langsamen Splittern bis zu dem lauten Krachen, wenn er schließlich zu Boden geht und unzählige kleineren Bäume mit seinen Zweigen mitreißt, bis zum Schaudern und Beben der Erde, wenn der gefallene Riese schließlich landet. Ich liebe die Lärchen, liebe es, mich mit dem Rücken an sie zu lehnen, wenn ich im Wald auf eine stoße, sei sie tot oder lebendig. Ich würde keinem dieser majestätischen Lebewesen jemals selbst nach dem Leben trachten. Aber wenn eines Tages ein anderer eine große Lärche fällen würde, könnte ich wohl nicht anders als zusehen, wie bei einer Hinrichtung im alten Westen. Ich glaube nicht, dass ich es schaffen würde, mich umzudrehen und wegzusehen.

Es ist fast ein Uhr nachts, aber es gibt so viel zu tun. Ich muss mich wenigstens um ein paar Dinge kümmern, sonst werden sie mich begraben, es rollen immer mehr Aufgaben auf mich zu. Holger, der Besitzer der Ranch (der inzwischen als Rentner in Florida lebt, im Golfstrom Silberfische fängt, in einem alten Boot herumtuckert und barfuß angeln geht), meint, ich sollte anstelle der üblichen Fünfzehn-Zoller an meinen Truck unbedingt Sechzehn-Zoll-Reifen anbringen. Er sagt, das würde den Truck noch einmal zehn Zentimeter aus dem Schnee heben, ein gewaltiger Unterschied. Daran hätte ich nie gedacht, nicht in diesem Leben jedenfalls. Ich werde Holger ein Bier ausgeben, wenn er am 25. Oktober zur Eröffnung der Elchsaison zu uns herauskommt.

Mein Bart ist ins Kraut geschossen, sieht wild und hässlich aus. Als ich den Mitgliedsbeitrag für das Fitness-Studio in Libby (zwanzig Dollar pro Woche für einen Raum mit diversen Geräten und einen Duschraum) mit einem Scheck bezahlen wollte, beäugte das Mädchen hinter dem Tresen misstrauisch das Formular, sah, dass es sich um ein neu eröffnetes Konto handelte, fragte mich nach einem Lichtbildausweis und wollte wissen, ob ich schon eine Arbeit gefunden hätte. Ich sah nicht ein, wieso sie das etwas anging, und das sagte ich ihr auch. Ich hatte gar nicht vor, nach Arbeit zu suchen. Als ich wenig später im Umkleideraum in den Spiegel sah, starrten mir meine blutunterlaufenen Augen entgegen – ich war den ganzen Tag Auto gefahren –, mich überkam Reue, und auf dem Weg nach draußen entschuldigte ich mich. Das Mädchen war überraschend freundlich, geradezu liebenswürdig, und nahm meine Entschuldigung an.

Es gibt viel zu tun, aber ich muss versuchen, es ruhiger anzugehen. Der Mann von den Wetternachrichten im Radio heute Abend im Fitness-Studio sagte, es gäbe »Null Prozent Regenwahrscheinlichkeit«. Den Ausdruck hatte ich noch nie gehört. »Null Prozent Regenwahrscheinlichkeit«. Diese Sicherheit gefiel mir. Kein unentschlossenes Herumlavieren, keine Zuflucht zu »fast null Prozent« und auch nicht die üblichen »zehn Prozent«, die ich in Mississippi immer zu hören bekam, selbst wenn dort schon lange die schrecklichste Dürre herrschte. Dieser Wettermensch im Radio glaubte einfach nicht, dass es heute regnen würde, und genauso sagte er es auch.

Die Hirsche haben sich in den Wald zurückgezogen, kommen nicht mehr zum Salzblock hinter dem Haus. Holger meint, sie wüssten, wann die Jagdsaison beginnt. Er sagt, im Winter nach dem großen Schnee würden sie wiederkommen, würden direkt am Fenster stehen und hineinschauen, mit ihrem Atem die Scheiben beschlagen, die Wärme suchen; sie würden erst in die Garage

einbrechen, dann in die Scheune und sich dort über das Heu hermachen.

Aus heiterem Himmel erreichte mich ein nerviger Brief von meinem Freund Jamie aus New York. Seine Freundin habe einen Verwandten in Alberta, Kanada, und der habe gesagt, dort oben auf ihrer Ranch würde es so kalt, dass den Bullen Ohren und Hoden abfrieren und abfallen würden. Jamie versprach, mir ein paar Ohrenschützer zu schicken. Was für ein witziger Kerl.

Meine Augen sind trocken und müde. Die Hunde sind längst eingenickt. Ich muss noch so viel Holz besorgen. Ich brauche eine elektrische Seilwinde für die vordere Stoßstange, damit ich mich selbst aus dem Schnee ziehen kann, falls ich stecken bleibe. Ich brauche Langlaufski. Und ein neues Getriebe für den Truck. Schneeketten für die Reifen. Schneeschuhe. Eine Schneeschaufel. Und so weiter und so weiter.

Heute habe ich ein Kurzwellen-Funkgerät gekauft. Wir sind nach Sandpoint, Idaho, rübergefahren und haben 550 Dollar für ein gebrauchtes 60-Watt-Gerät bezahlt, die höchste Leistung, die von der Bundesbehörde für den Privatgebrauch zugelassen ist. Ein Mensch namens Emmett Johnson kommt am Montag, um es anzuschließen. Emmett ist der größte Flucher aller Zeiten, etwa Mitte sechzig und, was Elektrogeräte angeht, ein Zauberer, ein Genie. Mir wird ganz schwindelig vor Ehrfurcht, wenn ich ihm bei der Arbeit zusehe, ihm zuhöre, wie er einem Trottel wie mir erklärt, wie Elektrizität funktioniert, die einfachsten Ausdrücke wählt, in Babysprache verfällt, und ich trotzdem nichts kapiere. Früher war er bei der Navy. Sie sollten sein Haus sehen: Von der Decke hängen die Drähte wie Spinnennetze, auf dem Boden stolpert man über Elektrokabel, auf den Tischen stehen aufgeschraubte Radios mit herausquellenden Eingeweiden, und überall liegen Schrauben, Muttern, Transistoren, Kabelspulen und teuflisch aussehende Werkzeuge herum. Er hat das CB-Funkgerät in meinen Truck eingebaut. Ich habe etliche neue Flüche und ein wenig über Elektrizität von ihm dabei gelernt – genug um zu wissen, dass ich Emmett rufen muss, wenn es darum geht, ein neues Gerät anzuschließen.

Er ist bis zum Bersten angefüllt mit gesundem Menschenverstand, ist wie mein Vater und mein Großvater zusammen: Er bringt alles wieder zum Laufen, ganz egal, wie kaputt es einmal gewesen sein mag.

Jetzt kann ich in Yaak in meiner Berghütte sitzen und – durch das Rauschen des Winds, das durch die Wälder flatternde Espenlaub – über einen Verstärker in Libby vierzig Meilen südlich von hier mit Tokio sprechen. Nicht gerade meine Vorstellung von Glück, eine solche Maschine im Haus zu haben, aber leider ist sie unerlässlich. Elizabeths Mutter und auch meine Eltern regt es ziemlich auf, nicht mit uns in Kontakt treten zu können. Und dann gibt es ja auch noch Geschäfte, das leidige Geld: Mit Hilfe des Funkgeräts kann man mit anderen über Geschäfte sprechen. Es gibt immer etwas zu sagen, und manchmal ist es auch einfach notwendig.

Aber es werden hier oben keine Pizzas ausgeliefert. Und ich werde das Gerät auch nicht die ganze Zeit über anlassen. Es ist an eine Zwölf-Volt-Batterie angeschlossen, doch meist wird es nichts anderes übertragen als das Null-Geräusch von Schneefall, zum Zerreißen gespannte Stille – ein paar knackende Holzscheite vielleicht, einen leicht säuselnden Wind. Ich werde das Gerät die meiste Zeit über ausstöpseln und nur benutzen, wenn ich mit jemandem sprechen will. Das Funkgerät ist und bleibt ein notwendiges, höllisch teures Übel.

Zeit, einer trägen, übernächtigten, vom Tag übrig gebliebenen Fliege mit der Klatsche den Garaus zu machen. Zeit, ins Bett zu gehen.

1. OKTOBER

Ein Holzlaster rumpelt laut quietschend die Straße hinunter, ein Eindringling, begleitet von heulendem Wind. Ein Leichenwagen für Bäume. Die Menschen werden nie genug bekommen. Jeder denkt, das Holz würde diesem Land niemals ausgehen – am allerwenigsten Kiefern, Tannen und Fichten –, aber wenn die Riesenlärchen verschwinden können, kann dies auch mit den anderen Bäumen geschehen. Die Vorstellung, eines Tages könnte die Stromleitung bis hier oben gelegt werden, macht mir Sorgen.

Meine heutigen Aufgaben: tippen, Holz sägen, spalten und stapeln. Im Gewächshaus sind knapp zwei Ster und es braucht fast dreißig, im Holzschuppen sind fast dreißig und müssen über siebzig werden und in der Küche, für die ich an der Garagenwand kaum handgelenkdicke Holzscheite aufgestapelt habe, sind etwas mehr als sieben Ster und wir brauchen gut fünfunddreißig. Das Holz für den Ofen in der Küche zu spalten ist die schwierigste

Aufgabe – die hübschen großen, goldgelben Herzstücke werden gespalten und immer kleiner gehackt, dünne Zahnstocher, die in null Komma nichts im Ofen verbrennen, von einem kurzen Auflodern der Flammen gefressen werden. Aber sie werden unsere Bohnen garen, diese kleinen Stöckchen, unseren Speck braten, das Wasser für den Kaffee zum Kochen bringen, deshalb bleibt mir nichts anderes übrig als weiter am Ball zu bleiben.

Elizabeth backt heute Vormittag Brot. Sie hat ein gutes Rezept von den Mormonen, sie muss dabei mit dem Teig allerdings einen regelrechten Boxkampf durchstehen. Jedes Mal, wenn er aufgeht, muss sie ihn mit der Faust niederstrecken. Eine Frau aus Salt Lake City hat ihr das Rezept gegeben und ihr anhand eines imaginären Teigklumpens gezeigt, wie sie es machen muss: Zack! Zack! Zack! mit geballter Faust, tief gefurchter Stirn und zusammengekniffenen Augen.

Also boxt Elizabeth heute mit einem Teigklumpen. Ich spalte Holz. Die Hunde jagen in den Holzhaufen nach Backenhörnchen.

Wer weiß, was jetzt gerade in Chicago und Houston, Tampa, New York und Philadelphia geschehen mag. Über uns, zehntausend Meter oberhalb, bewegen sich die Luftmassen, bilden neue Wetterlagen. Und noch weiter darüber, in der weiten Schwärze, bei den kalten Sternen, spielen sich noch viel geheimnisvollere Dinge ab – Kometen ziehen vorbei, Milchstraßen krümmen sich, Umlaufbahnen greifen ineinander, Anziehungskräfte heben sich auf. Hier unten auf der Fix Ranch spalten wir Holz und boxen mit Brotteig. Von Terlindes Ranch, fast eine Meile entfernt, hören wir einen Hahn krähen. Es ist zehn Uhr morgens.

Zum Holzspalten mit dem schweren Spalthammer trage ich Schutzkleidung: Stiefel, Schutzbrille und Knöchelschützer, weil die abgespaltenen Stücke nach hinten springen und mich empfindlich treffen könnten. An die Kordel meines Sweatshirts hatte ich nicht gedacht. Als ich mit dem Spalthammer über meine Schulter nach hinten aushole, schlingt sich die Kordel um mein Handgelenk und lenkt die Abwärtsbewegung zur Seite. Fast hätte ich am Holz vorbeigezogen und mir meinen Fuß abgehauen.

Sofort zog ich das lockere Sweatshirt aus und spalte von nun an mein Holz im Unterhemd. Ich muss noch einiges lernen.

3. OKTOBER

Vorgestern war der erste wirklich kalte Tag – bis dahin waren nur die Nächte kalt gewesen –, aber dann war es gestern trotz eines hohen, kühlen Winds wieder warm geworden. Der Mond ist fast voll, hell und bläulich, eine riesengroße Münze aus Aluminium. In seiner Größe wirkt er hier in den Bergen fast fehl am Platz. Mühsam kämpft er sich über die Bergrücken, leuchtet schon ab acht oder neun Uhr abends durch die Bäume. Über der Prärie, über einer Stadt oder auch über einem Bergsee sieht ein Vollmond passend aus, die Proportionen stimmen, die Nacht ist König.

Hier bin ich mir da nicht so sicher. Ich kann es nicht erklären – natürlich ist er schön: Welcher Vollmond über dem Wald wäre das nicht? Vielleicht erschreckt mich, dass er hier draußen so verdammt nah aussieht. Man kann die Krater und Meere in allen Einzelheiten erkennen, unglaublich deutlich – zum Teufel, das ist kein Wunder, ich bin ihm ein paar Tausend Meilen näher und von sauberer Luft umgeben, da muss einfach mehr zu sehen sein. Er kriecht so niedrig über den Bergrücken heran, als wollte er mir auflauern oder mir wenigstens über die Schultern schauen. Manchmal, wenn ich von Idaho zurück in Richtung Libby ins

Tal hinunterfahre, bin ich über dem Mond und schaue auf ihn herab.

Vielleicht habe ich mich aber auch einfach daran gewöhnt, dass die Nächte hier pechschwarz sind, dass es so viele Sterne gibt, ungestörte Dunkelheit. Und dann strahlt dieses große blaue Flutlicht über die Berge. Kein Wunder, dass die Hunde ihn angebellt haben: den Kopf nach hinten, die Nackenhaare aufgestellt, haben sie zum Mond hinaufgekläfft, als ginge es um ihr Leben.

Gestern beim Holz spalten legten wir eine Erdbeerpause ein. Auf einem Teller brachte mir Elizabeth ein paar große rote, mit Puderzucker bestäubte Früchte aus dem Garten. Es war kalt, aber ich saß mit nacktem Oberkörper da und schwitzte.

Neulich abends – an dem Tag, als es so kalt war – haben Elizabeth und ich die Hunde mitgenommen und sind mit dem Falcon zum Hensley Face Mountain hinaufgefahren, wo ich immer mein Holz hole. Dort lag ein herrlicher Lärchenstamm, dick und hellorange, ich hatte ein paar große Enden abgeschnitten, wollte sie zerkleinern und hinten in den Falcon laden. (Der Truck ist in der Werkstatt und wartet auf ein neues Getriebe, das erst von Japan eingeflogen werden muss. Das kann zwei Tage, zwei Wochen oder noch länger dauern. Das Flugzeug kann ins Meer stürzen, wie das heutzutage ständig vorkommt, kann mein schönes neues Getriebe aus glänzendem Stahl im Wert von 1600 Dollar mit sich auf den Meeresboden ziehen und im ewigen Schlick versenken. Dort würde es die Jahrhunderte überdauern, während ich in Yaak in einem kleinen Ford Falcon überwintern müsste, bei dem man die Rücksitze herausnehmen muss, um überhaupt irgendetwas damit transportieren zu können. Er hat lächerliche Vierzehn-Zoll-Reifen, keine vernünftige Heizung, keine beheizbare Heckscheibe, nichts als einen guten starken Motor mit einer Achtel Million Meilen auf dem Buckel...)

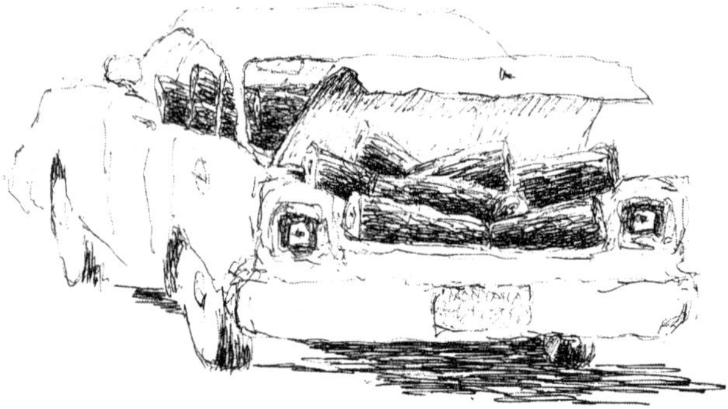

Wie auch immer, wir haben das Lärchenholz zerkleinert und aufgeladen, uns und die Hunde in das winzige alte Auto gequetscht und wollten zurückfahren. Der Motor sprang nur mit größter Mühe an. Die Batterie klang ziemlich schwach.

Anstatt wie geplant unterwegs anzuhalten und nach Waldhühnern Ausschau zu halten, fuhren wir weiter nach Yaak. Von den unberechenbaren öffentlichen Fernsprechern im Ortszentrum musste ich ein paar Anrufe tätigen. Ohne nachzudenken stellte ich den Motor aus und ging telefonieren. Als ich zurückkam und versuchte, das Auto zu starten, passierte natürlich gar nichts mehr.

Wie alt muss man eigentlich werden, bis man endlich lernt, dass es nur Ärger bringt, sich mit alten Autos abzugeben, die einfach nicht mehr fahrtauglich sind? Dass Autos wie Menschen ab einem bestimmten Alter in den Ruhestand versetzt werden und nicht mehr an Holztransporten, Bergbesteigungen und Cross-Country-Marathons teilnehmen sollten. So wenig wie sechzigjährige Männer Football spielen oder achtzigjährige Frauen sprinten, Tennis spielen oder mit einem schweren Rucksack auf Wandertour gehen sollten, sollten auch diese alten Autos nicht erbarmungslos zu immer neuen Höchstleistungen angepeitscht werden.

Aber vielleicht tue ich es gerade deshalb, schere mich nicht um Rücksichtnahme, sondern halte ewig an meinen alten Autos fest. Jedenfalls scheint es den anderen Bewohnern des Tales nicht anders zu gehen. Mein Nissan Truck (den ich gerade in die Werkstatt gebracht habe) ist Baujahr 1984 und bei weitem das neueste Gefährt auf den schmalen Kiesstraßen hier oben (auch wenn er jetzt gerade aus dem Verkehr gezogen ist).

Breitenstein fährt einen 59er Dodge, eine große, rote Kiste, die an ein Militärfahrzeug erinnert. Das Postauto ist ein alter Subaru, aus dessen Dach eine große CB-Antenne sprießt wie ein langer Rattenschwanz. Wenn das Postauto kommt, heißt es aufpassen. Wer will schon die einzige Verbindung zur Außenwelt kappen?

Dave Pruder hat einen braun-weißen 76er Chevy Blazer. Das Modell war brandneu und sehr begehrt, als ich auf der Highschool war. Die Kinder reicher Eltern protzten damit auf dem Parkplatz herum. Heute würde sich kein Jugendlicher mehr in Daves Blazer sehen lassen. Er ist völlig verbeult, aber er fährt noch.

Jimmy Martens Jeep könnte als Antiquität durchgehen. Ähnliches gilt für all die anderen Autos und Pick-up-Trucks, die auf der South Fork Road (von Libby nach Yaak) und der Yaak River Road (von Troy nach Yaak) verkehren. Die einzige andere Straße, die aus Yaak heraus und über die Berge am See entlang nach Eureka führt, wird so gut wie nie benutzt, weil sie in einem so schlechten Zustand ist, dass sie höchstens für einen Ausflug zum Picknick taugt.

Hirsche laufen unbekümmert auf dieser Straße entlang, als wäre es ein längst vergessener Holzfällerweg, ein freigeschlagener Trampelpfad. In unzähligen Serpentinen schlängelt er sich voran, hinunter und wieder den Berg hinauf. Niemand aus Yaak hat je etwas in Eureka zu erledigen, an sich ist es ja ein hübsches Städtchen – aber sie haben Strom, was hier in Yaak nur ein verächtliches Schnauben provoziert. Wenn die Bewohner des Yaak Valley unbedingt etwas brauchen, fahren sie nach Libby, das zwanzig Meilen näher liegt und um ein paar hundert Einwohner größer ist. Auch Elche tapsen über die Straße von Yaak nach Eureka, die teilweise schon weggerutscht ist, abgebröckelt von den hohen Felsenklippen, denen sie über lange Strecken folgt. Eine Straße genau nach meinem Geschmack.

All die uralten Wagen, die auf unseren beiden Straßen hin- und herrumpeln, hören ständig den CB-Funk ab. Das ist notwendig, um den mit hoher Geschwindigkeit anrasenden Holzlastern ausweichen zu können. Die Straßen sind so schmal, dass man ein Stück weit in den Wald hineinfahren muss, um sich vor den Lastern in Sicherheit zu bringen. Es ist wie ein verrücktes Versteckspiel: Die Holzlaster senden jede Meile eine Nachricht aus, wo sie sich befinden und ob sie auf den schmalen, einspurigen Straßen stromaufwärts oder -abwärts brettern. Auf diese Weise hat man immer etwas zu tun, selbst die Fahrt nach Yaak wird niemals langweilig. Ohne CB-Funkgerät wäre man allerdings verloren. Man könnte nie wissen, was um die nächste Kurve gedonnert kommt, und die Wege sind zu schmal, um dann noch auszuweichen. Man würde erbarmungslos in die Schlucht gestoßen.

Aber ich schweife ab. Mein alter Ford steht immer noch in der Nähe der öffentlichen Fernsprecher, mit Freundin, Hunden und Holz schwer beladen. Vermutlich ist die Kettensäge im Kofferraum zweimal so viel wert wie die ganze alte Schrottkiste. Aber ich hatte kein Werkzeug dabei, das war (und ist) im Nissan und mit dem Nissan in der Werkstatt.

Es war mir peinlich, so hilflos dazustehen, obgleich ich sofort wusste, wo das Problem lag: bei den Schwachköpfen in der hinterwäldlerischen Werkstatt in Mississippi. Diese Trottel (sie waren billig, deshalb bin ich zu ihnen gegangen) hatten die falsche Riemengröße genommen, als sie meine alte Lichtmaschine reparierten. (Es waren zwar Trottel, aber immerhin wussten sie, wie man eine Lichtmaschine repariert, anstatt gleich eine neue einzubauen, insofern hatten sie mir einiges voraus.) Jedenfalls hing der Riemen durch und drehte sich nicht ausreichend, um die Batterie aufzuladen, wenn der Motor lief. Ich hätte den Riemen etwas straffen können, ich hätte die Befestigung der Lichtmaschine lockern und sie ein Stück zurückschieben können, hätte einen Besenstiel als Hebel einsetzen können, aber ich hatte nicht einmal eine lächerliche Zange dabei.

Die einfachste Lösung bestand darin, das Auto durch Starthilfe zum Laufen zu bringen und die sechs Meilen bis zur Ranch nach Hause zu fahren, wo ich ein Aufladegerät und wenigstens eine verfluchte Zange hatte. Nach einer weiteren Starthilfe, falls dies dann noch nötig wäre, könnte ich nach Libby tuckern und wie der letzte Hillbilly mit quietschenden Stoßdämpfern, heulendem Keilriemen und sich auf dem Rücksitz bekriegenden Hunden bei der nächsten Werkstatt vorfahren. Aber erst einmal musste ich zurück zur Ranch kommen.

Ich hatte großes Glück, dass ich mitten im Zentrum von Yaak liegen geblieben war. Ich hatte Glück, dass es nicht Winter war und ich nicht mutterseelenallein bei einsetzender Dämmerung auf dem Hensley Face Mountain stand. Ich brauchte bloß über die Straße zu gehen und jemanden um Starthilfe zu bitten – aber ich wollte verdammt sein, wenn ich mir diese Blöße gab. Dazu besaß ich zu viel dickköpfigen Stolz: ich als Neuling hier im Tal.

Es wurde immer dunkler, und ich saß einfach da und wartete bis sich der Motor abgekühlt hatte. Nach einer Weile versuchte ich es wieder. Er sprang an, wenn auch mit allergrößter Mühe. Ich hatte Glück.

Wir fuhren nach Hause, dem Mond entgegen. Es war kalt. Wir haben noch immer nicht genug Holz beisammen.

4. OKTOBER

Holger, unser Vermieter, ist ein netter Kerl – furchtbar interessant mit all seinen Geschichten über ausländische Gefängnisse und Spionageabenteuer. Trotzdem ist und bleibt er, selbst über die größte Distanz hinweg, ein Vermieter.

Hier oben ist es üblich, dass sich andere Leute um die Ranches und Berghütten kümmern, während die Damen und Herren Eigentümer den Winter oder (wie in unserem märchenhaften Glücksfall) die Jahre woanders aussitzen. Tim Linehan spielte früher Fußball in der landesweiten Auswahl von New Hampshire und ist ein begeisterter Angler. Er hütet ein Haus am Ufer des Vinal Lake. Mike Canavan, früher einmal Linebacker bei Syracuse, fährt heute Holz für den Forest Service, beschlägt Pferde und betreut die Ranch am Obermayer Lake. Selbst Breitenstein kümmert sich nebenbei noch um ein Blockhaus am Lake Renée – ein großes Haus in noch tieferer Wildnis als unseres.

Wie ein Scharfrichter durchstreift Breitenstein den Wald rund um den Lake Renée mit seiner Kettensäge und schneidet alle vom Kieferborkenkäfer befallenen Bäume heraus. Er fällt sie und lässt sie verrotten, sodass die Eier der Käfer nicht reifen können, oder er zieht die Stämme mit einem Pferd zur Straße hinunter, um sie zu Brennholz zu verarbeiten. Auf diese mittelalterliche Weise lässt Breitenstein, der Scharfrichter, den Wald grünen und gedeihen, hält ihn hübsch sauber und ordentlich.

Zusätzlich zu seinen vielen anderen Job verdingt sich Mike Canavan im Herbst auch als Jagdführer. Da er im Auftrag des Forest Service viel herumkommt, kennt er das Tal wie seine Westentasche und hat immer ein paar spannende Geschichten über Wölfe, Bären und Pumas parat. Eines Tages kam er zu uns, um Buck und Fuel, Davie Pruders Pferde zu versorgen, ihre Hufe zu schneiden, glaube ich, und nach ihren Zähnen zu sehen. Dazu musste er die Pferde einpferchen, aber Fuel wollte sich das Halfter nicht umlegen lassen.

Fuel ging auf Mike los, doch anstatt zur Seite zu springen, schlug Mike ihn von vorn, oben an die Brust, ging ihn direkt an. Dann schlang er beide Arme um seinen Hals, als wollte er das Pferd in den Schwitzkasten nehmen, und ließ sich von ihm eine ganze Weile lang im Korral herumschleifen – ohne loszulassen, er hob bloß die Füße, damit das Pferd nicht darauf trampeln konnte –, bis Fuel sich endlich beruhigt hatte oder vielleicht einfach bloß erschöpft war.

Ich stand auf der anderen, sicheren Seite des Zauns und sah zu.

»Das Halfter bitte«, sagte Mike durch die zusammengebissenen Zähne, beide Arme noch um Fuels Hals geklammert.

Ich reichte Mike das Halfter. Mit einer Hand hielt er Fuels Nase, mit der anderen zog er Fuels Ohr herunter und biss hinein, dann streifte er ihm das Halfter über. Schließlich richtete Mike sich auf, führte das Pferd zum Pfosten und band es an. Keiner von den beiden schien sich verletzt zu haben.

Mike hat zu allem eine Geschichte auf Lager, auch eine ganze Reihe von Sasquatch-Geschichten (Sasquatchs sind riesige Affen, die in Nordamerika vorkommen sollen, über deren Existenz sich die Geister aber scheiden), obgleich er die meisten selbst nur vom Hörensagen kannte. Die glaubhafteste handelt von einem alten Mann – den Namen habe ich vergessen –, der mit seinen Hunden unten an der Yaak River Road in einem Wohnwagen hauste. Es war ein ziemlich baufälliger Wohnwagen, der auf Baumstümpfen stand, mitten im Wald, wie alles hier.

Eines Nachts begannen die Hunde wie verrückt zu bellen. Es war schon sehr spät. Der Wohnwagen war verschlossen, aber der alte Mann hörte etwas an der Tür kratzen. Dann rüttelte es am Türknauf. Die vollkommen verängstigten Hunde hatten sich hinter dem Kühlschrank versteckt – kein bisschen angriffslustig wie sonst, wenn sie einen Bär hörten oder rochen.

Mike schwört, dies sei die Wahrheit. Zweifelt man die Geschichte an, ist er beleidigt, was bei ihm nur äußerst selten vorkommt. Er verstummt mit einem Schulterzucken und einer Miene à la »was soll's, wenn du's nicht glauben willst, bist du selber schuld«.

Am Ende hat Sasquatch oder Bigfoot oder wer zum Teufel auch immer an dem Wohnwagen des Alten herumgerüttelt hatte, den Türknauf völlig abgerissen und sich zurück in den Wald getrollt. Vielleicht suchte er Schutz vor dem Wetter oder hatte den Mann durch die Tür hinein- und wieder herausgehen sehen und war neugierig geworden. Mike hat die Tür mit dem abgerissenen Knauf gesehen und meint, es wäre schwer zu sagen, ob ein großer Bär oder vielleicht doch Sasquatch sie so zugerichtet hätte. Die Spuren hätten an die eines Bären erinnert, wären nur viel größer gewesen.

Es gibt andere Sasquatch-Geschichten, erstaunlich viele sogar, aber meine Mike-Canavan-Lieblingsgeschichte handelt von dem Eigentümer eines Blockhauses, um das sich Mike früher einmal gekümmert hatte.

Da es hier im Tal wenig Vieh gibt – ein paar Pferde, eine Hand voll Milchkühe, die eine oder andere Ziege und ein paar Kaninchen vielleicht –, besteht die Hauptaufgabe bei der Betreuung so eines Hauses darin, im Winter die Rohre nicht einfrieren zu lassen – beileibe kein einfaches Unterfangen.

Als der Wind in einem der Jahre vom Hensley Face Mountain herunterwehte, gegen die Wände, Fenster und Fundamente der Häuser drückte, sank die Temperatur auf minus vierzig Grad, mit einem Wind-Kälte-Faktor von minus fünfundsiebzig oder achtzig Grad. Bei solchen Temperaturen ist es unmöglich, das Blockhaus so warm zu halten, dass die Leitungen nicht einfrieren. Der Trick besteht darin, vor einem solchen Kälteeinbruch rechtzeitig das Ventil am Bach zuzudrehen, damit die Rohre im Haus wasserfrei gehalten werden können. Aber häufig kommt der Kälteeinbruch so schnell (und es gibt kein Radio und mit Sicherheit keinen Fernseher mit warnenden Wetternachrichten, nur die Mundpropaganda der Einsiedler im Tal untereinander) – oder man ist gerade auf der Jagd oder beim Holzmachen –, dass es zu spät ist: die Leitungen frieren ein, und zwar gründlich.

Das Blockhaus, auf das Mike aufpassen sollte, war schlecht isoliert, und der Besitzer war kein besonders sympathischer Mensch, sodass die Beziehung zwischen den beiden über die üblichen Unstimmigkeiten zwischen Vermieter und Mieter hinaus ziemlich angespannt war: Der Eigentümer arbeitete hart irgendwo in Kalifornien, während Mike, das ungehobelte Raubein, die Früchte seiner Arbeit genoss.

Mike war das Wasser in den Jahren davor bereits mehrmals eingefroren, jedes Mal waren Reparaturen fällig – neue Kupferrohre, die gelötet werden mussten, und so weiter –, und Mike war es ziemlich leid, »sich überhaupt noch mit dem Arschloch abzugeben«, wie er es selbst ausdrückte.

Eines Tages froren die Leitungen wieder ein, und zwar schlimmer als je zuvor. Mike hatte den Besitzer pflichtgemäß darüber informiert. Der hatte sich schon Urlaub genommen und wollte hier oben Langlaufski fahren, aber es war so lange so bitterkalt, dass Mike die Leitungen einfach nicht wieder flott bekam. Bei eingefrorenen Leitungen ist es nicht selten, dass man nichts weiter tun kann als abzuwarten, bis der Frühling kommt. Aber weder Mike noch der Besitzer wollten so recht wahrhaben, das eine solche Situation eingetreten war.

Also hielt Mike das Feuer im Kamin und in den Holzöfen am Brennen, glühend heißes Feuer, genährt von bestem Lärchenholz. Die Leitungen waren offenbar über die ganze Strecke bis zur Quelle oben am Teich vollkommen dicht. Dennoch schob Mike weiter Holz in die Öfen. Es war das einzige, was er tun konnte, um das verdammte Wasser wieder in Gang zu bringen.

Wie es passiert ist, weiß Mike nicht genau. Ein fliegender Funke, der im Dach Feuer fing vielleicht. Jedenfalls brannte das Haus ab, als Mike eines Tages im Auftrag des Forest Service unterwegs war. Mike schwört, das sei die ganze Wahrheit. Ich denke daran, wie er an Fuels Hals hing, sich wie ein Fliegengewicht durch den Korral schleifen und gegen den Zaun schleudern ließ und nicht losließ. Ich glaube ihm.

»Ich habe ihn angerufen«, erklärt Mike, »und gesagt, ich hätte ein gute und eine schlechte Nachricht.« Mike erzählt die Geschichte beim Abendessen. Er beäugt seine vierte Portion Hirschbraten, wischt sich die Mundwinkel mit der Serviette ab und fängt an zu kichern. »Sagt dieses weinerliche Arschloch doch zu mir: ›Was ist die schlechte Nachricht?‹ Muss ich ihm also sagen, dass seine Hütte abgebrannt ist. Daraufhin Schweigen. Ich dachte schon, er wäre in Ohnmacht gefallen. Aber nach einer ganzen Weile findet er dann doch seine Sprache wieder und fragt: ›Und was ist die gute Nachricht?‹ Darauf habe ich nur gewartet.« Mike lacht, wischt sich die Augen, freut sich noch heute diebisch über seine endlich wiedergewonnene Freiheit. »›Ihre Rohre sind aufgetaut!‹«

Allgemeines Gelächter am Tisch, sind wir doch allesamt glückliche und zugleich neidische Hüter anderer Leute Eigentum. Verdammtes Hausbesitzerpack!

»Dieses Arschloch«, sagte Mike, noch immer grinsend, mit vollem Mund. »Kein Fünkchen Humor im Leibe. Ich hab ihn von Anfang an nicht ausstehen können.«

Es gibt auch Geistergeschichten über das Tal. Eine, die ich kenne, hat mit unserer Ranch zu tun. Fix Ranch ist nach Edison Fix benannt, der sich als erster Siedler hier niederließ (Fix Creek, der Bach, der durch das Grundstück fließt, heißt ebenfalls nach ihm). Er lebte und starb auf diesem Land, liebte es und verließ es nie. Mr.

Fix' letzter Wunsch war es, nach dem Tod verbrannt zu werden (er lag mit Krebs hier in diesem Gewächshaus, in diesem Schuppen, in dem ich jetzt meinen Schreibplatz habe und der in den 30er Jahren seine Hütte war). Seine Asche sollte über der Ranch verstreut werden – nicht von einem Flugzeug aus, sondern auf dem Boden. Man sagte mir, seine Witwe habe seine Überreste einfach wie Dünger ausgestreut, wie Körner für die Hühner, aber wer weiß, vielleicht hat sie auch alles an eine bestimmte Stelle getan.

Wir sind dem alten Fix nie begegnet, aber zu der Zeit, als Holger noch von hier aus Jagdgruppen in die umliegenden Wälder führte, sollen die Leute, die in den Gästehütten schliefen, ihn gelegentlich gesehen haben. Auch Freunde von uns, die wir in einer der Gästehütten untergebracht hatten – Freunde vom Land, keine schreckhaften Stadtmenschen –, berichteten uns, sie hätten in der Nacht ziemliche Ängste ausgestanden. Sie hätten laute Geräusche gehört, wie von jemandem, der voller Wut um sich schlägt, und es seien Schritte die Treppe heraufgekommen.

In den ersten paar Wochen, die ich allein hier oben verbrachte, bevor Elizabeth mit dem Zug nachkam, hatte ich fast jede Nacht Albträume, in denen jemand langsam die Treppe heraufstieg, jemand, der fürchterlich wütend war. Ich selbst war in diesen schrecklichen Träumen wie gelähmt, konnte mich weder bewegen, noch um Hilfe rufen oder mich irgendwie zur Wehr setzen. Eines Nachts setzte sich ein alter Mann auf meine Bettkante. Und in einer besonders schlimmen Nacht – ich spürte es deutlich – griff er nach meinem Handgelenk, hielt es fest umschlossen und wollte es nicht wieder loslassen. Ganz bestimmt hatte ich mich nicht in der Bettdecke verfangen, es war Anfang September und ich schlief unter einer ganz leichten Decke. Außerdem war da noch mehr als der feste Griff um mein Handgelenk: eine haarsträubende, das Blut zum Erstarren bringende Kälte, die im Zimmer hängen blieb wie ein nicht wieder verstummendes Echo und immer mehr zunahm, wie der schwere Atem eines Hundes, immer lauter, immer bedrohlicher.

So war es. Aber ich habe es auf die Nerven, den Stress, die ungewohnte Umgebung geschoben. Bis Mike und andere mir von den Jagdgästen erzählten, die sagten, sie hätten Fix' Geist gesehen, seinen Geist als alter Mann, eben die Zeit seines Lebens, in der er das Land und die Ranch sicherlich am meisten geliebt hat.

Sein Gesicht habe ich nie gesehen, und ich glaube auch nicht, dass ich es einmal sehen werde. Ich habe das Gefühl, wir haben Frieden geschlossen. Ich glaube, der Geist – die Kraft, die Energie, die Gefühle des alten Fix für sein Land – sind befriedet. Er weiß, dass wir bleiben, anders als die Jäger, die nur ein paar Tage oder Wochen herkamen, um ein Tier zu erlegen und weiterzuziehen, dem sich bereits ankündigenden Winter zu entfliehen. Aber es gab Zeiten, in denen ich, wenn ich nachts hinter dem Haus auf einem der alten Holzfällerwege unter dem hohen Dach aus Zedern- und Lärchenzweigen spazieren ging – oben am Teich vorbei und weiter in die dunklen Wälder –, jemanden hinter mir spürte. Ich drehte mich um und sah den Weg hinunter, den alten Weg mit seinen bläulich-hellen, vom Mond erleuchteten Flecken und den harten, dunklen Schatten. Mir war klar, dass niemand da war. Und doch hörte ich ihn, fühlte ihn, nahm ihn deutlich wahr, wie er in der Mitte des Weges stand, mich anstarrte, sich zu mir umwandte wie ein Tier – und plötzlich lag eine ganz seltsame Schwere in der Luft. Vielleicht hatte er die Hände in die Hüften gestemmt, vielleicht runzelte er die Stirn, neidisch darauf, dass ich hier und am Leben war, wie unsere über das ganze Land verstreuten Hausbesitzer uns beneiden müssen, weil wir tatsächlich hier leben dürfen, anstatt bloß ein Stück Papier in Händen zu halten, dass ein Recht auf Grundbesitz verbrieft wie in einem Monopoly-Spiel…

Wir sind hier und am Leben. Fix ist es nicht mehr. Kein Wunder, dass er wütend ist.

Es gibt Tage, an denen ich gelobe, an denen ich schwöre, dass ich niemals unglücklich sein werde, solange ich auf dem alten Weg hinter dem Haus in den Wald steigen oder auf den Hof gehen und zu den Sternen aufschauen kann. An denen ich nicht nur von Glück rede, sondern es förmlich herausschreie.

An dem Abend nach dem Essen, bei dem Mike die Geschichte von dem abgebrannten Blockhaus zum Besten gegeben hatte, war gegen Mitternacht, als schon alle nach Hause gegangen waren, das grüne und gelbe Nordlicht am Himmel erschienen. Es leuchtete über den Berggipfeln wie die Ankündigung einer noch nie da gewesenen Broadway-Show. Dann begann es in unzähligen Blitzen und Strahlen über den Himmel zu schießen. Anderthalb Stunden blieben Elizabeth und ich draußen, um diesem atemberaubenden Schauspiel zuzuschauen, bis das Licht verblasste und schließlich ganz verschwand.

Dieses Tal steckt voller Wunder, Geheimnisse und Schönheiten – und doch gibt es keine Antworten preis. Manchmal kommt es mir so vor, als bildete dieses so hoch oben in den Bergen gelegene, von so dichten Wäldern umgebene Tal die letzte Stufe zum Himmel, die letzte Station vor der Offenbarung.

5. OKTOBER

Meine Kettensäge ist eine Stihl 034, orange und weiß, Made in Germany. Es ist keine professionelle Säge, aber fast: Sie ist groß und stark, ein wildes Pferd, und ich habe mächtig Respekt vor ihr. Immer wieder studiere ich die sechzigseitige Gebrauchsanweisung. Meine Stihl springt so prompt und leise an wie ein Auto der Spitzenklasse, sie besitzt einen Einspritzmotor und surrt im Leerlauf gleichmäßig in einem höchst melodischen Rhythmus. Sie ist ziemlich kompliziert, hat alle möglichen Extras und Spielereien, eine »Ansaugluft-Vorwärmung« zum Beispiel, was bei Minustemperaturen äußerst nützlich ist (die meisten Leute hier sägen ihr Holz im Winter, damit es »zweimal wärmt«: einmal beim schweißtreibenden Sägen, das zweite Mal beim Verfeuern). In der Gebrauchsanweisung ist vom »Aufdrücken der Federspange« und »Spannen der Rückholfeder« die Rede. Sie ist gespickt mit Sätzen wie: »Eine extra Schmierung des Umlenksterns bei Rollomatic-Schienen ist nicht erforderlich, denn das Kettenschmieröl, das durch die Schienennut in das Lager gelangt, ist zur Schmierung ausreichend.« Oder: »Dies ist notwendig, weil bei Abkühlung auf Umgebungstemperatur, insbesondere bei sehr niedrigen Außentemperaturen, sonst durch Zusammenziehen der Sägekette hohe Schrumpfspannungen entstehen, die zu Schäden an Kurbelwelle und Lagern führen.«

Ich bin ein langsamer Leser, auch bei Texten, die ich verstehe. Immer wieder folge ich den Worten mit meinem Finger und lese manche Sätze laut. Elizabeth hält diese ständige Beschäftigung mit der Gebrauchsanweisung für einen typischen Männerfimmel, alles Technische und Schematische, alle unumstößlichen Regeln und Fakten hätten uns Männer schon immer fasziniert. Doch das trifft es nicht. Viel lieber würde ich durch den Wald wandern oder am Fluss sitzen und Gedichte lesen. Aber ich muss wissen, was in der Gebrauchsanweisung steht. Es ist dieses Wissen, das uns den Winter über warm halten wird.

In der Gebrauchsanweisung steht auch etwas über die »Raynaud-Krankheit«. Ich habe die Leute im Saloon darüber sprechen hören, habe Männer gesehen, die chronisch unter dieser Krankheit leiden. Es ist erstaunlich, dass sie überhaupt noch arbeiten können. Ihre Finger sind geschwollen, weiß und schuppig, und sie können sie kaum bewegen. Sie sitzen an der Bar und starren auf ihre Finger, halten ihren Drink oder langen nach einem Glas, als würden ihre Hände gar nicht zu ihnen gehören.

»Der zu lange Gebrauch von Kettensägen (oder anderen Maschinen dieser Art) setzt das Gewebe anhaltenden Vibrationen aus, die zur Raynaud-Krankheit führen können. Diese Durchblutungsstörung vermindert die Fähigkeit, Temperaturen zu fühlen und zu regulieren, sie führt zu Taubheit und Brennen, kann Nerven und Gewebe schädigen oder gar absterben lassen.«

Mittel zur Vermeidung der Krankheit werden nicht erwähnt. Ausreichende Pausen und Fingerübungen zur besseren Durchblutung, nehme ich an. Ich beschließe, immer drei bis vier Ster zu schneiden und mich und die Säge dann auszuruhen und einen Spaziergang durch den Wald zu machen – ich brauche meine Finger noch zum Schreiben. Gäbe es das Risiko der Raynaud-Krankheit nicht, müsste ich sie erfinden.

Ich trage einen Schutzhelm, eine Schutzbrille und Ohrwatte, Red-Wing-Stiefel mit Stahlkappen und Lederhandschuhe. Ich habe eine Heidenangst vor dieser Säge und finde doch nichts aufregender, als dieses Kraftpaket in Händen zu halten.

6. OKTOBER

War heute Holz machen. Die Luft war stiller, als ich das je erlebt habe. Ich saß im Auto und las in der Zeitung, die ich vorher im Laden gekauft hatte. Die Sonne schien durch die staubige Windschutzscheibe. Schläfrig lehnte ich mich zurück und blätterte ohne jede Eile in meiner Zeitung, wie ein reicher Mann, der sonst nichts zu tun hat. Dann setzte ich meine Staubmaske und meinen Helm wieder auf, zog die Handschuhe an, schob die Watte ins Ohr und sägte über eine Stunde lang weiter: dicke Stämme, mit der frisch geschärften Säge, dass die Späne nur so flogen wie in einem Schneesturm oder bei einer Konfettiparade. Es war ein milder Tag – tiefblauer Himmel! – und ich schnitt und schnitt, bis mir der Schweiß heruntertropfte.

Hinterher kletterte ich von dem großen Haufen herunter – trat vorsichtig von Stamm zu Stamm, tastete mich in diesem Durcheinander aus riesigen Zahnstochern langsam voran, nahm den Helm ab, zog das Hemd aus (die frische Luft strich kühl über meine verschwitzte Haut), legte die Staubmaske ab und zog als Letztes die Ohrstöpsel heraus.

Auch ohne Stöpsel war es herrlich still: kein Wind, keine Geräusche.

Später, als ich das Holz spaltete und in den Wagen lud, hörte ich einen Raben krähen. Ich will nicht sagen, dass es mir unheimlich war, bis ich endlich diesen Raben hörte, aber es war doch sehr einsam gewesen, im guten wie im traurigen Sinne.

Ich habe solches Glück, dass es Elizabeth hier oben gefällt. Was, wenn dies nicht so wäre? Wenn sie unglücklich wäre? Wenn sie lieber in der Stadt leben wollte?

Nach einer Weile hörte der Rabe auf zu rufen, und ich war wieder allein.

8. OKTOBER

Fast Mitternacht. Der Holzschuppen füllt sich. Ich hoffe auf einen Kälteeinbruch, den härtesten Winter, den es je gegeben hat.

Für den Fall, dass mir ein Waldhuhn begegnet, habe ich beim Holzmachen mein Gewehr dabei. Gestern sah ich eins. Ich stieg aus dem Auto, folgte ihm in den Wald, als es davonlief, als es auffliegen wollte, golden, der Sonne entgegen, schoss ich – ein schweres Haselhuhn, niedergestreckt wie ein Schurke in einem Shakespeare-Stück.

Elizabeth und die Hunde waren völlig aus dem Häuschen, als ich mit einer Wagenladung Holz und einem Waldhuhn nach Hause kam. Es wurde schon dunkel, als wir es zitternd rupften und ausnahmen. Die hübschesten Federn hoben wir auf und verfütterten die Füße an die Hunde, die schon auf ihren Anteil der Beute lauerten. Wir haben Wein besorgt und wollen das Huhn morgen Abend verzehren.

Heute ist es bedeckt. Der Wind kommt von Norden. Mein Rücken schmerzt vom Holzmachen. Graue Schleier ziehen vor dem Mond vorbei. Die Sterne sind hinter dunklen Wolken versteckt. Bin mit den Hunden noch ein wenig nach draußen gegangen. Als ich zurück ins Haus kam, fragte Elizabeth, wie kalt es meiner Meinung nach sei.

»Kalt«, erwiderte ich. Es war halb elf.

Wir saßen da und dachten daran, wie viel kälter es noch werden sollte. Es war ein seltsames, beängstigendes Gefühl zu wissen, dass die große Kälte schon da draußen lauerte, eine Gewissheit war.

Der Falcon, der gute alte Achtzylinder, transportiert Tonnen von Holz, rattert die Hügel hinauf und hinunter, schnauft auf Bergpässe, blickt von oben auf den Fluss hinab. Mein treuer Falke.

Unten in Yaak hat eine Frau ihren Mann heute Schlappschwanz genannt. Ich telefonierte gerade mit Texas wegen eines Projekts, das ich gemeinsam mit einem Geologen verfolge, einer Ölquelle in Alabama. Jedenfalls stellte die Frau sich direkt neben mich und brüllte ihrem vorm Dirty Shame mit Truman harmlos plaudernden Mann zu: »Ey, Schlappschwanz! Komm endlich rüber!«

»Das ist hier eine raue Gegend«, erklärte ich meinem Partner, einem älteren Gentleman, und stellte mir vor, wie er später die Geschichte erzählte, vielleicht den anderen Gentlemen im Petroleum Club beim gemeinsamen Mittagessen: dass in Montana eine Frau ihren Mann auf der anderen Seite der Hauptstraße mit »Ey, Schlappschwanz« gerufen hätte.

9. OKTOBER

Wir freuen uns diebisch, dass es so kalt ist! Wir wissen nicht genau, wie kalt – wir empfangen hier keinen Radiosender –, aber dem Gefühl nach ist dies unser kältester Tag bisher. Ich schätze etwa zehn Grad minus. Am Morgen musste ich den Stift über dem Ofen aufwärmen, um die Tinte zum Fließen zu bringen. Einen ganz normalen alten billigen Kugelschreiber. (Der große Dichter Larry Levis schwor auf seinen schwarzen Parker; das hatte ich ganz vergessen. Dabei ist alles, was Larry Levis sagt oder tut, für mich unbedingt nachahmenswert. Und jetzt erinnere ich mich auch an Jim Harrisons Rat, bei Nacht einen schwarzen und bei Tag einen goldenen Stift zu benutzen. Vielleicht muss ich mich doch wieder mehr auf meine großen Vorbilder besinnen.)

Letzte Nacht ist auch das Haus völlig ausgekühlt. Wir sind auf dem Fußboden vor dem Kamin eingeschlafen, noch gut durchgewärmt von unserem saftigen, fetttriefenden Zitronenhuhn mit Leberreis, selbst gebackenem Brot, Ofenkartoffeln und dem letzten Salat der Saison. Heute Morgen war die Wärme verflogen. Ich habe auf dem Propangasofen in der Küche Kaffee gemacht und meine Hände an der zischenden, winzigen blauen Flamme gewärmt. Am liebsten hätte ich sie gar nicht wieder weggenommen, als das Wasser zu kochen begann, wäre den ganzen Tag lang so stehen geblieben.

Der Teich auf der anderen Seite der Straße war heute Morgen zum ersten Mal zugefroren.

O du treuer Falke! Während die Japaner widerwillig ihren bereits begonnenen Winterschlaf unterbrechen, um nach einem Ersatzgetriebe für meinen Nissan zu suchen – seit elf Tagen stöbern sie jetzt schon in ihren Lagern, ohne ein geeignetes Getriebe zu finden, weder in Denver noch in Seattle, weder in den USA noch in

Japan. Und während der Nissan weiterhin in tiefstem Koma liegt, schleppt der gute alte Achtzylinder aus Detroit täglich schwerere Lasten über die Berge.

Die Federn sind hin, die Karosse schleift über den Boden. Mit fünfzehn, zwanzig Meilen pro Stunde schleiche ich nach Hause, das Holz bis unter das Dach gestapelt, der Kofferraum steht weit offen, als wäre eine Autobombe hochgegangen. Ich habe die Fenster heruntergekurbelt, ein paar Holzstücke ragen aus den Fenstern – Holz auf dem Beifahrersitz, Holz auf dem Armaturenbrett, Holz im Handschuhfach, Holz auf meinem Schoß. Unermüdlich ächzt der alte Falcon den Hensley Mountain hinauf und wieder hinunter, dabei war er in den letzten zehn Jahren nicht einmal zur Personenbeförderung sonderlich gefragt gewesen. Tapfer springt er ein, kämpft sich verbissen vorwärts, weiß um die Dringlichkeit meiner Notlage.

Ich würde gern zum Gletscher hinüberfahren, ehe der Nationalpark über Winter schließt, aber ein Ausflug nur zum Vergnügen könnte bei all der Arbeit, die ich ihm zumute, einfach zu viel verlangt sein.

Der alte Falcon wird jeden Tag dreckiger. Spitze Äste bohren Löcher in die Polster, Kettenöl hinterlässt dunkle Flecken auf den Sitzen, Baumrinde bedeckt knöcheltief den einst makellosen Boden ... Aber wir beide haben keine andere Wahl. Durchhalten oder aufgeben – und der Falcon hält durch, erweist sich als zuverlässiger Streikbrecher an der Holzfront. Gerade jetzt, wo der Winter mit Riesenschritten naht, hat sich der Nissan zum wilden Streik entschlossen.

Mitternacht. Über sieben Ster gesägt. Ich trage das Holz hinunter zum Wagen, lade es in den Falcon, fahre zurück nach Hause (insgesamt vier Touren), lade es aus, spalte und stapele es und fahre dann wieder zurück zum Hensley Mountain, um noch mehr Holz zu holen. Nichts macht dreckiger als Holzsägen. Und ich dachte, die Arbeit auf einer Bohrinsel wäre das Ende der Fahnenstange. Ölbohren ist ein Spaziergang mit Einkehr zum Tee mit Ingwerplätzchen, ist Naseputzen mit einem duftenden Spitzentaschentuch im Vergleich zum Holzsägen.

Jeden Tag verschleiße ich ein Paar Arbeitshandschuhe aus Leder. Die Stahlzähne der Kettensäge müssen jeden Abend neu geschärft werden.

Meine Kleider haben Hausverbot, so voll gesogen sind sie mit Kettenöl, Schweiß und Benzin, gepudert mit feinen Sägespänen. Die Späne hängen in meinem Bart, in meinen Haaren, kriechen unter mein Hemd, sind einfach überall.

Wie eine indische Gottheit, wie ein unsterbliches Wesen von einem anderen Planeten – Mississippi vielleicht – gleitet der Falcon durch die von seinen Reifen aufgewirbelten Staubwolken dahin. Wie der kleine Schmutzfink Pigpen von den Peanuts ist der Falcon unverdrossen mit immer neuen Holzfuhren unterwegs.

Habe heute beim Zurückschwingen mit dem Spalthammer mein Knie getroffen, es ist blau, geschwollen und steif. Offenbar sind die Bänder betroffen, hoffentlich ist es kein Riss. Ich ging mit einem Schrei zu Boden, sah nur noch Sterne, drehte mich halb und fiel auf den Rücken. Als ich wenige Sekunden später wieder zu mir kam, sah ich die Wolken. Ich lag auf dem Rücken und starrte zum Himmel wie ein toter Schauspieler auf der Bühne.

An den Füßen habe ich Blasen vom vielen Kraxeln in den Sicherheitsschuhen. Wo das Holz durch die ausgefransten Handschuhe stach, habe ich Splitter unter der Haut. Aber mit dem Falcon an meiner Seite werde ich bis zum letzten Scheit durchhalten. Ich wette, wir haben heute zusammen zwanzig Tonnen Holz bewegt.

Gespaltene Fingernägel. Raynaud-Krankheit. Den echten Verletzungen bin ich bisher noch entkommen.

10. OKTOBER

Ich weiß nichts über dieses Tal. Alles, was ich zu sehen bekomme, ist völlig neu, und ich verstehe nichts. Tagsüber habe ich keine Angst – da gibt es noch zu viel zu lernen –, aber nachts, wenn ich einschlafen will…

Dieses Tal, diese Landschaft, hat die Wahl, mich anzunehmen oder mich abzuweisen. Ich selbst habe bei der Entscheidung keine Stimme. Es kommt mir vor, als wäre es vorherbestimmt, im Grunde längst entschieden – entweder ich passe in diese Gegend oder nicht.

Mit der Landschaft hat es ebenso zu tun wie mit den Menschen, auch wenn hier oben nur etwa dreißig von uns leben. Wir sind eine kleine Herde.

Es gibt Kräfte in den Wäldern, Kräfte in der Welt, die auf dich Anspruch erheben, die dir eine Hand auf die Schulter legen, so leicht, dass du es zuerst nicht einmal merkst. Die kleinsten Elemente – der Wind, der über die Bäume streicht, der Satz, den ein Freund zu dir sagt, ein Rabe, der über die Wiese fliegt und im weiten Kreis zurückkehrt –, sie alle tun sich zusammen, fordern dich ein.

Tim Linehan hat an unserer Tür einen Zettel hinterlassen, mit Bleistift auf das abgerissene Stück einer Lebensmitteltüte geschrieben, eine Einladung in das Blockhaus am Ufer des Vinal Lake, das er gemeinsam mit seiner Freundin Joann für den abwesenden Eigentümer hütet. Als wir aus der Stadt zurückkamen, flatterte der Zettel im Wind.

Die Lärchen verfärben sich. Sie sind als Erste dran.

Gestern Nachmittag hörten wir einen Kojoten auf der Wiese gegen den Wind anbellen. Die Wipfel der Bäume wiegten sich sanft, doch als ich zum Waldrand schaute, sah es so aus, als stünden alle Bäume in regloser Habachtstellung und beobachteten mich. Fedrige Pappelsamen wehen über das Gras. Der Wald wird mich entweder aufnehmen oder wieder nach Hause schicken. Jeder Anblick, jede kleine Handlung zählt. Das Bellen des Kojoten wird lauter, wird Teil meines Lebens. Ich wende mich von meinem alten Leben ab und betrete ein neues, Elizabeth an meiner Seite.

Natürlich haben wir Heimweh. Wären unser Glück und unsere Freiheit billig zu haben, wären beide nicht viel wert.

Tim meinte, wir sollten Schwimmsachen mitbringen, falls wir im See schwimmen wollen. Ist es dafür nicht längst zu spät? Ist das Wasser nicht viel zu kalt?

Die Tage sind schön. Es sind die angstvollen, dunklen Träume in der Nacht, die mich umtreiben. Tagsüber, wenn ich herumlaufe, die dünne Luft einatme, niemanden außer Elizabeth sehe und spüre, wie die Tage sich langsam verändern, kommt es mir wie ein Tagtraum vor. Es ist ein herrliches, ruhiges Gefühl, ein toller Traum, aus dem ich immer weniger erwachen will.

Nur in der Nacht kommen die Zweifel.

Ich brauche noch viel mehr Holz. Ich habe Elizabeth dazu überredet, hier oben mit mir den Winter zu verbringen. Da ist es wohl das Mindeste, dass ich genug Holz besorge. Oder es wenigstens versuche.

11. OKTOBER

Violette Gewitterwolken über dem Tal. Und neue Freunde, Tim und Joann. Es gab Wildhuhnbrust aus dem Wald oberhalb ihres Blockhauses, Heidelbeer-Käsekuchen und Weißwein. Der Wind schob Wellen mit kleinen weißen Schaumkronen über den See, während wir am Picknicktisch saßen und den goldenen Lärchennadeln bei ihren Lufttänzen zuschauten. An einem so guten Tag fragt man sich: Was könnte es Besseres geben als dieses Leben?

Joann stammt aus New Hampshire, genauso wie Tim, sie besitzt dort ein eigenes Haus. »Meine Eltern fragen ständig, wann ich wieder nach Hause komme«, erzählte sie.

14. OKTOBER

»Schneewolken«, sagte ich zu Elizabeth. Wir werden sehen.

Sonnige Flecken auf dem Heu, dem in den letzten Wochen noch trocken gewordenen Gras. Die frischen Scheite knacken in dem alten Blechofen, der neben meinem Schreibtisch im Gewächshaus steht. Ich denke daran, wie gut mir das Holzmachen gefällt. Ich stöhne darüber und wenn ich einmal zu hart gearbeitet, mich zu sehr verausgabt habe, komme ich am nächsten Morgen nicht aus dem Bett – und doch genieße ich alles daran: das Schleppen der großen Stämme, wenn ich sie in mein Auto lade, um sie nach Hause zu bringen, das Spalten und Stapeln, den langsam wachsenden Haufen, die Festung, den Schutzwall gegen die Kälte, die Währung des Nordens, die in den Wäldern bereit liegt und darauf wartet, eingesammelt zu werden und mich reich zu machen. Ich stelle mir vor, dass irgendwo ein Psychologe diese Zeilen lesen und den Kopf schütteln wird. Aber so ist es nun mal, genauso fühle ich es.

16. OKTOBER

Ein warmer Nachsommertag, der morgens mit Frost begann. Der Wind in den Wipfeln der Bäume erinnert ständig daran, was uns erwartet.

Wie immer war ich draußen, um Holz zu machen. Dazu zog ich wie üblich meine ältesten Kleider an. Wozu mit einer so brutalen, dreckigen Arbeit gute Kleider ruinieren? Nein, meine alten Stiefel, mein verblichener Overall, mein altes weiches, braunes langärmeliges Hemd reichen völlig aus.

Auf einem Holzfällerweg fuhr ich den Berg hinauf, den CB-Funk eingeschaltet, die Ohren gespitzt, um zu horchen, ob mir nicht Holzlaster entgegenrasen. Aber ich hörte nichts, und als ich an meinem Holzplatz ankam, stieg ich aus und sägte über eine Stunde vor mich hin.

Als ich die Säge ausstellte und die ersten Stämme zum Auto brachte, hörte ich etwas mit großer Geschwindigkeit den Berg herunterkommen.

Zwei junge Burschen fuhren in ihren Pick-up-Trucks an mir vorbei. Womöglich hatten sie für die kommende Jagdsaison das Terrain erkundet (jedenfalls hatten sie kein Holz auf ihren Pritschen).

Ich hatte vergessen, mein Funkgerät auszustellen, und sie rechneten offenbar nicht damit, dass ich es angestellt hatte. Schwitzend stand ich in der milden Sonne, den Helm abgezogen, das Haar wild und ungekämmt, Hemd und Overall mit Sägespänen und Rindenstücken übersät.

Als sie um die nächste Kurve verschwunden waren, hörte ich sie über Funk miteinander reden.

»Der sah ja abgefahren aus«, sagte der eine.

Es folgte eine kurze, knisternde Pause.

»Ja, echt abgefahren«, antwortete der zweite.

Mehr sagten sie nicht, und nach einer Weile war ich wieder ganz alleine im Wald. Den ganzen restlichen Tag grübelte ich darüber nach, was sie wohl mit »abgefahren« gemeint haben könnten.

Später am Abend, kurz vor der Dämmerung, stieg ich zu einer kleinen Lichtung über unserem Haus hinauf. Ich stolperte fast über zwei Haufen Grizzly-Kot, dicke, feste Stränge, einer im Umfang fast wie mein Handgelenk. Sie waren frisch. Offenbar hatte sich ein Grizzly an den Beeren gütlich getan.

Langsam drehte ich mich um und ging nach Hause. Dabei summte ich laut vor mich hin. Die Bären sollten wissen, dass ich ihr Revier durchquerte. Jetzt war ich wirklich in der Wildnis angekommen. Ich beeilte mich nicht, aber nach Trödeln war mir auch nicht zu Mute.

18. OKTOBER

Die Tage ziehen dahin, vergehen so rasch, und doch erfüllt uns jeder Einzelne davon auf ganz besondere Art und Weise. Letztes Jahr wusste ich nicht einmal, was eine Säger-Ente ist, in diesem Jahr sehe ich eine auf dem Teich auf der anderen Seite des Weges schwimmen.

Es geht so viel vor, auf der Wiese, auf dem Wasser, im Wald hinter dem Haus. Am Rande einer Pfütze habe ich Pumaspuren gefunden. Ich schaue zu den Bäumen hinüber. Reglos stehen sie da und warten auf den Winter. Sie sind bereit.

Am Spätnachmittag gibt es eine Zeit, in der das Licht ganz sonderbar wird, so gedämpft und bronzefarben, dass die ganze Welt an eine frühe Fotografie aus dem 19. Jahrhundert erinnert. Es ist, als würde sie versuchen, dieses Licht so lange zu halten, wie es nur geht, damit wir uns Felder, Wiesen und Wälder ein letztes Mal in dieser Beleuchtung anschauen können, ehe sie unwiederbringlich verblassen. Ein letztes Mal…

Wir haben verstanden. Wir lassen alles andere ruhen und stehen einfach da, dem Nachmittagslicht zu Ehren, schauen uns gründlich um. Vögel rufen aus dem Wald, Goldspechte und Drosseln, und es scheint mir, als würde mein Leben selbst zu mir sprechen, so stark ist das Gefühl des Wartens und der Verheißung.

25. OKTOBER

Die Sonne scheint und der Regen fällt. Einzeln haben wir das natürlich schon oft gesehen, beides gleichzeitig haben wir noch nie erlebt: Es ist ein herrlicher Sonnentag, und doch fällt ein dichter, feiner Regen aus einer einzelnen Wolke, die gemächlich über das Tal zieht, ohne das helle Sonnenlicht drumherum zu trüben. Und es ist warm. Nicht einmal das Wasser im roten Trinknapf der Hunde ist eingefroren. Der Regen mitten im Sonnenschein macht eine Regel sichtbar – dass es, was das Wetter hier oben betrifft, keine Regeln gibt.

Heute sind die Elchjäger ins Tal gekommen, darunter auch der Eigentümer unserer Ranch mit seiner Verlobten. Holger war müde von der weiten Reise von Miami Beach, aber seine Energie reichte noch aus, um alles aufzuzählen, was unbedingt sofort erledigt werden müsste. Wo ich das Holz für Ofen und Kamin gehackt habe, sollen die Holzreste vom Boden verschwinden. Die Stämme an den Außenseiten der Gebäude sollen noch einmal abgedichtet werden; hinten in einer der Garagen zeigte er mir eine große Tonne mit Teer. Und die Batterien sollen zum Aufladen gebracht werden, seiner Meinung sind sie nicht voll genug.

Ich bin im Gewächshaus, wie immer, und schreibe. Es passt mir nicht, dass er da ist, auch wenn die Ranch natürlich ihm gehört.

Wenn Holger heute Abend von seinem ersten Tag auf der Jagd zurückkehrt, wird er mir mit einer weiteren Liste dringender Anweisungen komme.

Er ist ein netter Mensch, und das Gleiche gilt für seine Verlobte. Es ist nur… Sieht er denn nicht, dass ich zu schreiben versuche? Was soll's, wenn auf der Ranch nicht alles hundertprozentig auf Vordermann ist?

Rund um mich herum wirbelt der Wind goldene Lärchennadeln an den Fenstern des Gewächshauses vorbei.

27. OKTOBER

Ich glaube, so ganz allmählich falle ich von der Menschheit ab. Ich will nicht grob klingen, aber auf eine Weise gefällt mir das sogar – wie sehr, erschreckt mich selbst ein wenig. Als würde ich auf meine Hand hinunterschauen und die ersten Anzeichen von wachsendem Fell erkennen. Es ist nicht so schlimm, wie Sie vielleicht denken mögen.

Zu Hause in Texas habe ich eine Familie – meine ganze Verwandtschaft, die schon seit fünf Generationen dort lebt. Elizabeths Familie wohnt in Mississippi.

Ich brauche einen Traumfänger. Die Tage sind toll, himmlisch. Nur nachts regt sich manchmal mein schlechtes Gewissen, und die Nächte sind zu dieser Jahreszeit recht lang. Aus unseren beiden Familien hat nie jemand sein Zuhause verlassen, jedenfalls nicht auf Dauer.

Jetzt sind sie alle so weit weg, meine Verwandten, meine Freunde, meine Bekannten, wie in einer anderen Galaxie. Es mag unsinnig klingen, eine seltsame Vorstellung vom Leben – aber eine, die mir gefällt.

Wäre das Glück so leicht zu haben, es wäre nichts wert – das sage ich mir immer wieder.

28. OKTOBER

Holger hat einen Elch erwischt. Ich habe es schon daran gemerkt, dass die Hunde durchdrehten, Saltos sprangen und Rad schlugen. Ich ging um Holgers Truck herum, und tatsächlich, hinten auf der Pritsche lag das tote Tier. Morgen gibt's ein Schlachtfest: Knochen, Knochen, Knochen. Die Hunde konnten kaum einschlafen, so aufgeregt waren sie, ausgelassen wie wilde kleine Welpen.

Der Generator knallte und rumpelte ziemlich, als ich vom

Holzmachen zurückkam und ihn anstellte. Ich hoffe, es sind bloß die Kerzen. Ich habe sie überprüft, und sie sahen sauber aus, aber das ist bei Propangasmotoren immer so, auch wenn sie längst hinüber sind.

Holger hat seinen Elch, und ich muss noch immer ohne meinen Truck auskommen. Unglaublich. Die Nissan-Fritzen wollten ihn nicht einmal in Zahlung nehmen, meinen guten alten Truck, den sie vierzig Tage und Nächte in ihrer Werkstatt hatten, ohne mit der Reparatur überhaupt zu beginnen. Sie sind mir nicht im Geringsten entgegen gekommen, also habe ich mich zu ein paar Beleidigungen hinreißen lassen und bin Hals über Kopf zum nächsten Toyota-Händler getürmt. Drei geschlagene Stunden habe ich dort mit Verhandlungen verbracht, nachdem ich meinen erbarmungswürdigen Nissan mit meiner rostigen alten Abschleppkette hinübergezogen hatte, damit die Leute von Toyota ihn inspizieren und schätzen konnten. Das müssen Sie sich vorstellen: Ein Auto, das 150.000 Meilen auf dem Buckel hat, zieht einen Truck, dessen Zähler auf 180.000 Meilen steht; dazu zwei Jagdhunde, ein kaputtes und vollständig zerlegtes Getriebe in einem Karton auf der Pritsche, ein Nummernschild aus Mississippi am Auto, ein Nummernschild aus Texas an dem zerbeulten, orangefarbenen Truck. Als wir bis zum bitteren Ende verhandelt hatten und uns trotzdem nicht einig werden konnten, regte ich mich so auf, dass ich dem Verkäufer sagte, er hätte dreckige, krumme Zähne. Anschließend fuhr ich mit Elizabeth zum Glacier Nationalpark. Wir wanderten mit den Hunden rund um den Lake McDonald, ließen Steine übers Wasser springen und redeten über Geld.

Morgen wollen wir eine kurze Denkpause einlegen. Ich werde schreiben und Holz machen, vielleicht Holger helfen, seinen Elch auszunehmen, und am Freitag fahren wir dann nach Spokane. Ich weiß genau, welchen Truck ich gerne hätte. Ich weiß sogar, welche Farbe er haben sollte (rot oder schwarz, was die Autoverkäufer, wie ich erfahren habe, heutzutage »heiße« Farben nennen. Schmerz lass nach!).

Auf dem Rückweg hielten wir an einer frisch geschlagenen Lichtung. Den Motor im Leerlauf, beleuchteten wir die Stümpfe mit unseren Scheinwerfern, und ich stampfte unter klaren Sternen, Schäfchenwolken und einem Viertelmond – es war eine warme Nacht ohne Frost – herum und sammelte ein paar Arm voll loses Holz für das Feuer am Abend und das morgige Frühstück.

Im Haus ist es kalt. Nur langsam wärmen wir uns unter den Decken auf. Das große Haus kühlt schnell aus. Ich muss mich noch besser abhärten. Außerdem muss ich mir selbst immer wieder ins Gedächtnis rufen, dass ich den roten Truck nicht brauche.

Ich bin noch immer ein bisschen schockiert, wütend und verbittert, kann es einfach nicht glauben. Ich habe ihnen eine Menge Geld angeboten und sie wollten es nicht haben.

Manchmal rege ich mich zu schnell auf. Aber manchmal tut es auch gut, nach langer Zurückhaltung endlich zu sagen, ach, zum Teufel damit, und den Leuten ordentlich die Meinung zu blasen.

Bald ist der Schnee da. Bis dahin muss ich etwas Verlässliches haben.

29. OKTOBER

Laufe die lange Strecke zu Fuß hinunter, um Breitenstein zu besuchen und zu sehen, was ich noch von ihm lernen kann. Wandere an der süß duftenden Eberesche vorbei, deren gelbe Blätter sich auf dem groben Kies ausbreiten, grüße Fuel und Buck, die ihre Köpfe heben und mir nachschauen, im Vorübergehen. Am späten Nachmittag überquere ich die schmale Brücke über den Südarm des Yaak River, halte bei den Weiden am Fluss vorsichtig Ausschau nach Grizzlys und Elchen und komme endlich zu Breitensteins Einfahrt, aber er ist nicht zu Hause.

Ich setze mich vor seine große Scheune, um mich auszuruhen, und betrachte in aller Ruhe seine Ranch. Es ist eine Oase der Ordnung und Sauberkeit in der Wildnis. Die Spalten zwischen den Stämmen, aus denen die Nebengebäude erbaut sind, sind weiß gekalkt. Sein großer Rasen ist frisch gemäht. Auf seiner kleinen Weide gibt es keine alten Baumstümpfe; sie hat das grünste Gras im Tal, obgleich Breitenstein kein Vieh hat, nur eine Weide – Kühe machen ihm zu viel Dreck!

Die Stacheldrahtzäune um seine Weide sind rasiermesserscharf und schnurgerade gezogen. Sein alter Hund, der mir entgegenkommt, um mich zu begrüßen, bleibt brav an einer Stelle stehen – zweifellos hat Breitenstein ihm beigebracht, diesen Punkt nicht zu übertreten. Einzig der Hund hat etwas nicht Perfektes an sich: Eines seiner Augen ist von einem milchigen Schleier überzogen.

Ich sitze da, den Rücken gegen Breitensteins Scheunentür gelehnt, und warte eine ganze Weile, aber wahrscheinlich ist es zu früh am Tag. Bestimmt ist er noch irgendwo draußen im Wald, stutzt Äste zurecht oder schafft Ordnung im Unterholz, also warte ich noch ein wenig länger, betrachte sein adrettes Anwesen, seine perfekten Zäune, versuche, mich in ihn hinein zu versetzen – das ist es doch, was Schriftsteller tun? –, und als es nicht funktioniert, stehe ich auf und gehe nach Hause.

Sein Hund folgt mir bis zu der unsichtbaren Grenze, dann bleibt er stehen und sieht mir nach.

30. OKTOBER

Verdammt, ich muss mir die Haare schneiden lassen. Während einer Probefahrt mit einem neuen Nissan heute in Bonners Ferry, Idaho, sagte ich dem Verkäufer, ich sei Schriftsteller, und er sah mich an und fragte: »Was schreiben Sie denn? Science Fiction?« Ich muss wie ein Wahnsinniger aussehen.

31. OKTOBER

Es ist ein dunkler, langsam dämmernder Morgen. Violette Wolken über Libby, über dem Kootenai. Es ist überhaupt nicht kalt, trotzdem zog ich für den Weg zum Gewächshaus ein leichtes Sweatshirt über und zündete ein Feuer an. Die Fensterscheiben wirken heute Morgen sonderbar: klarer und irgendwie dünner als sonst. Alles ist vollends ruhig, von einer Art Reglosigkeit befallen, die vollkommen wirkt, wenn man sie von innen anstarrt und nichts hört außer dem Meeresrauschen im eigenen Herzen. Wenn man sich dann jedoch auf eine Einzelheit konzentriert – einen hervorstehenden Halm vielleicht –, sieht man, dass nicht alles reglos ist, dass eine leichte Brise über den Boden weht, dass sich die kleineren Gräser leicht wiegen, obwohl alles andere reglos erscheint.

Unten in Libby regnet es. Wird sich der Regen hier oben in Schnee verwandeln? Der Verkäufer in Spokane war einReckskerl. Zum Glück mussten wir uns nicht einmal die Hände schütteln.

Halloween in Yaak heißt nichts weiter als sich ein Hirsch- oder Elchgeweih aufsetzen, ins Dirty Shame gehen und sich ein Sixpack reinziehen. Kein Prunk, kein bisschen Schminke.

Ranier. Schmidt. Olympia. Bud. Michelob.

1983 schneite es am 8. Dezember.

1984 schneite es am 27. Oktober.

1985 schneite es am 7. November.

1986 schneite es am 31. Oktober (45 Zentimeter).

Ich würde gern die Schneewette gewinnen. Ich würde eine Lokalrunde im Saloon ausgeben und mit dem Rest des Geldes Brennholz kaufen.

Ich habe immer noch nicht genug Holz beisammen. Ich habe in Libby herumgetrödelt, als ich neulich hinfuhr, um Fotokopien zu machen. Ich habe mit Autohändlern gefeilscht, anstatt rechtzeitig für einen neuen Truck zu sorgen. Etwas Holz habe ich ja schon – zwischen fünfundsechzig und siebzig Ster –, aber ich nehme auch schon jeden Tag etwas davon, verbrenne es im Gewächshausofen und im Küchenherd. Und von den mehr als hundert Ster, die ich bis Ende Oktober haben wollte, bin ich weit entfernt.

Bücherschreiber. Sind eben auch zu nichts zu gebrauchen, außer vielleicht zum Schreiben.

Muss heute unbedingt eine neue Ladung holen. Was schwierig ist, denn es ist schon wieder Wochenende (die Tage fliegen nur so vorüber), und ich will eigentlich oben im Wald nicht die Säge anwerfen, will den anderen die Hirsch- und Elchjagd nicht verderben.

Ich weiß, wie es mir ginge, wenn ich oben in den Bergen auf der Pirsch wäre und plötzlich ginge eine Kettensäge los. Ich würde mich fragen, warum dieser Störenfried sein Holz nicht im August oder September gemacht hat, als die Lärchen sich golden verfärbten und die ersten Blätter vom Wind über die Straßen geweht wurden.

Gelbe Pappelblätter liegen knietief rechts und links des Weges zum Hensley Mountain hinauf. Viele Bäume sind schon ganz kahl. Es ist wie eine Ehe. Ich habe mich auf etwas eingelassen. Ich hoffe, dass ich ihm gerecht werden kann.

3. NOVEMBER

Gestern Abend Football im Dirty Shame, Dallas gegen die New York Giants. Ein gutes, hartes Spiel, aber nach der Halbzeit sind wir gegangen. Wie alt ich geworden bin! Keine feste Arbeit, ich kann so lange aufbleiben, wie ich will, bis Mittag schlafen, wandern gehen, alles – trotzdem wollte ich nach Hause und noch ein wenig tippen.

Im Gewächshaus riecht es komisch, aber mir ist nicht zum

Lachen; irgendein großes Säugetier muss hier gewesen und vor Tagesanbruch wieder gegangen sein. Es riecht nach nassem Hund – Kojote? Wolf? –, ein starker, äußerst ungewohnter Geruch. Ich glaube, das Tier ist durchs Dach gekommen.

Gestern im Saloon haben die Männer wieder über die warmen Temperaturen lamentiert. Jimmy, der hinter dem Tresen stand, sagte, er sei um zwei Uhr morgens nach draußen gegangen, da seien vier Grad gewesen. Sein Kollege Artie erzählte, er habe um vier Uhr morgens aufs Thermometer geschaut und ein Grad abgelesen, dabei stünde sein Haus zweihundert Meter oberhalb des Tales. Schlaflos im Yaak Valley.

Eigentlich haben nur wir und die Barkeeper das Footballspiel richtig verfolgt. Die Jäger waren zu müde und sind früh nach Hause gefahren. Suzie wirkte seltsam aufgedreht und nervös. Sie schien froh zu sein, uns zu sehen, und war sehr freundlich.

Ich werde noch einmal nach Kalispell fahren, den alten orangefarbenen Truck abholen (inzwischen ist er doch noch repariert worden) und einen allerletzten Versuch machen, mir einen neuen Truck zu kaufen.

Letzte Nacht hatte ich Albträume von Autoverkäufern, die mich beleidigten und so lange provozierten, bis ich mit ihnen in eine Schlägerei geriet, vor Gericht verlor und im Gefängnis landete.

Ein windiger, warmer Morgen. Die Gräser liegen fast flach am Boden. Es gibt nichts Aufregenderes als den Wind. Frisch verliebt zu sein vielleicht, aber dicht gefolgt vom Wind. Der Wind war schon immer da. Schon ehe man überhaupt etwas von der Liebe wusste, kannte man den Wind. Schon als Kind kann uns der Wind faszinieren, er kann es auch später noch und wird es immer können.

Habe mein Sweatshirt ausgezogen, sitze in kurzen Ärmeln hier und schreibe, und das im November. Ein seltsames Land. Holger sagte, meinen Plan, den ganzen Winter über hier im Gewächshaus zu schreiben, müsste ich mir sowieso abschminken.

Nicht dass dies ein besonders ehrgeiziger Plan von mir wäre. Trotzdem wäre es schön, wenn es klappen würde. Auf jeden Fall will ich genug Holz zusammen haben. Ich will es wenigstens versuchen.

Plötzlich bläst uns ein starker Nordwind entgegen. Er bringt feine, weiße Graupelkörner mit. Ich trete aus dem Gewächshaus, um sie besser sehen zu können, sie auf der Haut zu spüren. Als ich wieder hereinkomme, staune ich über den Holzfeuergeruch, den Räucherkammerduft, die Wärme. Die Graupelkörner prallen an den alten Schindeln ab, prasseln gegen die Glasscheiben.

Ich bin erstaunlich ruhig. Ich weiß nicht, ob das jetzt der Beginn des Winters ist. Aber ich bin bereit, es mit ihm aufzunehmen.

Wie gut das Geräusch des Windes klingt. Ob man etwas Ähnliches hört, wenn man sich hinlegt, um zu sterben? Dazu bin ich noch nicht bereit, aber diesem Wind lausche ich gerne.

4. NOVEMBER

Wir fuhren nach Kalispell, in die große, ferne Stadt – der nächste McDonald's ist dort, drei Stunden von unserem Haus im Wald entfernt. Über Nacht blieben wir im Blue & White Hotel (20 Dollar 95, der Preis für die Wintersaison). Es sieht ganz so aus, als würde ich bald einen neuen Truck bekommen, die Verhandlungen liefen gut, ich muss das Geschäft bloß noch zum Abschluss bringen.

Elizabeth und ich stellten übereinstimmend fest, dass wir die städtischen Shopping Malls überhaupt nicht vermisst haben. Nach mehrmonatiger Abstinenz wirkten sie noch künstlicher und abgeschmackter auf uns als zu der Zeit, als wir selbst noch in der Stadt lebten – und schon damals haben wir sie als ziemlich geistlos empfunden. Die Luft ist schlecht, die Beleuchtung vollkommen unnatürlich, und man bekommt das Gefühl, dass die Leute, die in ihren kleinen Buden hinter den Kassen sitzen, einem noch etwas anderes abnehmen als bloß das Geld, das man unweigerlich dort lässt.

Neugierig auf das Wetter, schalteten wir morgens im Hotelzimmer kurz den Fernseher an und schauten mit leise gedrehtem Ton Willard Scott vor seiner Landkarte zu. Doch selbst ohne Ton fand ich Willards Mundbewegungen affig, seine hüpfenden Augenbrauen übertrieben, seine Mimik abstoßend – schon nach ein paar Sekunden kaum noch zu ertragen. Also beschattete ich ihn mit der Hand und schloss ihn aus unserem Gesichtsfeld aus, wie ein Basketballspieler, der seinen Gegner blockiert, sodass wir die Wetternachrichten einigermaßen unbeschadet überstanden, auch wenn wir dabei nichts erfuhren, was wir nicht längst gewusst hätten, nämlich dass es im Süden warm und im Norden kälter war.

Die kalte Luft, die ich im Gewächshaus gespürt hatte, war auf der Karte deutlich zu sehen, eine nach unten zeigende Nase, deren westlicher Flügel direkt über dem Yaak Valley lag. Diese kalte Luft war gestern Morgen gegen zehn auf warme Luft gestoßen und hatte sie nach Süden zurückgedrängt. Willard hatte zwanzig Stunden gebraucht, um das herauszufinden und es auf seiner Karte zu zeigen. Ich fühlte mich stolz und unabhängig.

5. NOVEMBER

Allein im Zelt. Fest eingemummelt. Bin zehn Meilen einen alten Holzfällerweg in steilen Serpentinen hinaufgefahren, habe den Pass überquert und bin noch gerade rechtzeitig nach Idaho gekommen, um die Sonne hinter der unendlichen Sägezahn-Kette der Kootenai Mountains untergehen zu sehen. Eine herrliche Stille. Außer mir keine Menschenseele zu hören und zu sehen.

Keine fünf Meilen weiter lag die Grenze nach British Columbia. Die Täler unter mir waren von einem leuchtend blass-blauen Nebel angefüllt. Die Berge selbst schimmerten kobaltblau, und der Himmel strahlte in einem wilden, grellen Rot und Gold. So müssen fanatische Prediger den Himmel sehen, wenn sie einschlafen und träumen.

Ich habe einen Elchbullen über die Staatsgrenze getrieben, habe ihn von Montana nach Idaho in Sicherheit gebracht, weil dort keine Jagdsaison ist. Er ging plötzlich vor mir auf dem Weg, als ich um eine Kurve kam, beugte sich vor und verfiel in einen schnellen Trab, und als ich ihm noch immer folgte (ich konnte nicht an-

ders, mir fiel vor Staunen die Kinnlade herunter, noch nie zuvor hatte ich ein so großes Tier gesehen), streckte er sich zu einem herrlich geschmeidigen, leichtfüßig dahinfließenden Galopp. Mit seinen breiten Schaufeln hätte er ein Tablett mit Teegeschirr halten können, ohne einen Tropfen zu verschütten, so ruhig und ebenmäßig bewegte er sich fort.

Auf der einen Seite des Weges erhoben sich Klippen, auf der anderen Seite fiel der Wald stark ab, sodass er weder nach links noch nach rechts ausweichen konnte und ihm nichts anderes übrig blieb, als weiter vor mir her zu laufen. Ohne ihn zu hetzen, folgte ich in einiger Entfernung. Der große Muskellappen an seinem Hals schaukelte wie ein Kamelhöcker vor und zurück. An seinem gelegentlichen Zögern und Stocken erkannte ich, dass er den Spieß am liebsten umgedreht und mich gejagt hätte, aber nicht sicher war, wie er dies bewerkstelligen sollte.

Wir waren etwa eine Viertelmeile von der Staatsgrenze nach Idaho entfernt (ein unbeschrifteter, unnummerierter Holzpfahl markierte die Stelle). Kurz nachdem wir die Grenze überquert hatten, erspähte er eine Öffnung in den Erlen am Ende der Klippen, senkte Kopf und Geweih, nutzte wie ein guter Fullback beim Football das kleinste Loch im Gedränge, das gleich nach dem Anpfiff rund um den Ball entsteht, schlüpfte geschickt durch die Öffnung und war verschwunden.

Ich lauschte dem Knacken kleinerer Bäume und Erlenzweige. Elizabeth hatte mir einige belegte Brote für das heutige Abendessen, das morgige Frühstück und Mittagessen ins Handschuhfach gelegt. Ich war so aufgeregt, dass ich an Ort und Stelle anhielt, den Truck ausstellte und alle Brote auf einmal aufaß. Eine ganze Packung Tabletten gegen Sodbrennen schluckte ich gleich hinterher.

Ich hatte mein Gewehr dabei, hatte mir vorgenommen, in Idaho vielleicht einen Hirsch zu schießen (ich hatte eine Jagdlizenz für Idaho). Auf den Elch zu schießen, wäre mir im Traum nicht eingefallen. Da hätte ich genauso gut auf eine Kuh oder eine riesige Plakatwand anlegen können.

Dann im Zelt. Vollmond. Mit drei Grad knapp an der Frostgrenze. In der Ferne hörte ich einen Zug, den Union Pacific unterwegs nach Moxie Springs und British Columbia. Ich stellte mir vor, dass Landstreicher auf den Güterwaggons lagen, in ihre Schlafsäcke gehüllt, genau wie ich. Elizabeth war froh, dass ich allein zum Zelten und Jagen losgezogen war. Ich weiß, dass sie das Haus gern auch mal für sich ganz alleine hat, mit einem Buch vorm brennenden Kamin sitzt, die schlafenden Hunde neben sich. Wir werden es schaffen hier oben. Was auch immer dafür nötig ist, wir werden es fertig bringen.

16. NOVEMBER

Heute am frühen Nachmittag hat es angefangen zu schneien. Wir hatten auf der Rückkehr von der Stadt die Vorhersage gehört und uns beeilt, rechtzeitig nach Hause zu kommen. Den ganzen Tag schon war der Himmel mit Schneewolken verhangen. Dass es schneien würde, stand außer Frage. Wir brauchten bloß zu warten.

Wir machten uns heißen Kakao, setzten uns ans Fenster, lasen und warteten. Anschließend gingen wir mit den Hunden im Wald spazieren. Wir sahen weder Eichhörnchen noch Hirsche, nicht einmal einen einzigen Vogel. Wir haben eine ganze Menge Holz beisammen, könnten aber noch mehr gebrauchen.

Als die ersten Flocken fielen, kam es uns vor, als kämen Gäste zu uns: Gäste aus der Stadt.

Ich stamme aus dem Süden und werde meine Herkunft niemals leugnen, mich niemals an den Schnee gewöhnen können – wie langsam er herunterschwebt, wie langsam plötzlich alles zu werden scheint, wie gründlich er Alter und Sünde und alles andere unter sich begräbt. Die Kälte macht mir nichts aus. Diese Schönheit ist es mir wert.

Jetzt ist es dunkel, und es schneit noch immer. Sieben Zentimeter, zehn Zentimeter auf dem Boden, dem Auto, den Bäumen, überall. Was noch vor dem ersten Schneefall zu erledigen war, sollte bis heute fertig geworden sein.

Es wird ein seltsames Gefühl sein, heute Abend einzuschlafen und zu wissen, dass draußen Schnee aufs Dach fällt, während wir schlafen. Er ist hier. Wir sind hier. Es gibt kein Entfliehen mehr.

18. NOVEMBER

Stieg heute ganz allein auf den Gipfel des Flatiron Mountain. Schon in der Dämmerung stand ich an der Baumgrenze, tobte übermütig im hüfttiefen Schnee und scheuchte eine Familie fetter Waldhühner aus ihrem Versteck unter einer Reihe schneebedeckter Weihnachtsbäume. Kletterte immer höher, tauchte in feuchte Nebelwolken, kam durch den steilen Anstieg wie ein Rennpferd ins Schwitzen. Der Flatiron ist ein karger Berg, von Lawinen Jahr für Jahr wie eine Schiefertafel blank gewischt. Mir wird ganz schwindelig bei dem Gedanken, dass schon die Indianer auf diesen ganz besonderen Berg gestiegen sind, nach ihnen die ersten Pioniere und die Trapper – alle im Tal, die jemals etwas Wildes in sich verspürten, waren früher oder später einmal im Leben zum Flatiron hinauf gepilgert. Die wenigsten allerdings dürften den Gipfel wohl in tiefstem Schnee erreicht haben, und das verleiht meiner Pilgerreise etwas Neues, Besonderes.

Der Schweiß gefror mir auf der Haut, als ich schließlich zum Gipfel kam. Der Aufstieg hatte zwei Stunden gedauert. Das hässliche Flickwerk aus kahl geschlagenen Rechtecken und Quadraten auf den gegenüber liegenden Bergrücken verschwand, nachdem ich einmal in den feuchten Nebel der Wolken eingetaucht war –

ich war mit den Geistern meiner indianischen Vorgänger allein. Ich hatte keinen besonderen Grund, auf diesem Berggipfel zu stehen, und hätte doch tausend Gründe nennen können.

Ich brauchte bloß eine Stunde, um wieder herunterzukommen, lief, rutschte, glitt wie eine Schildkröte auf dem Rücken über steile Hänge und Klippen, bei jedem wilden Sturz vom tiefen, weichen Schnee geschützt. Um mich herum niemand, kein einziger Mensch zu sehen. Was für eine Freude, in diesem Nebel über die riesigen Schneefelder herunterzurutschen, diesen ungestümen Abstieg vom Olymp so richtig auszukosten – so mag es Zeus als siebenjährigem Jungen ergangen sein.

Ich hatte Elizabeth gesagt, wo ich war und was ich vorhatte, sodass sie mir, falls ich mir ein Bein brach, einen Suchtrupp – Hunde, Hubschrauber – nachschicken konnte.

Der Flatiron ist der einzige Berg, auf dem man während der Jagdsaison so unbekümmert herumtollen kann. Er ist zu hoch, mit zu viel Schnee bedeckt und zu steil für das Wild und seine Jäger. Selbst wenn die Tiere weithin sichtbar wären, bei diesem Schnee wäre es zu weit und zu steil, um sie tatsächlich zur Strecke zu bringen. Sechzig, siebzig Grad Gefälle machen die Jagd beschwerlich. Und vor der Holzindustrie ist der Berg sicher, weil es keine Bäume gibt; die Felsen werden regelmäßig von Lawinen sauber gefegt.

Ich war benommen vor innerer Erregung, benommen von der Schönheit des Berges. Es war nicht die Jahreszeit für Lawinen, aber ich konnte mir vorstellen, wie es sich anfühlt, wenn der Berg unter einem ins Rutschen kommt, plötzlich zum Leben erwacht.

Ich selbst bin hier in diesem Tal zum Leben erwacht. Zeus als siebenjähriger Junge. Ich weiß, ich werde nicht ewig leben. Warum fühlt es sich an, als könnte es trotzdem so sein?

19. NOVEMBER

Wir können uns an den Schnee nicht gewöhnen – wie er immer wieder kommt und geht. Ich stand gerade im Laden, als es wieder zu schneien begann, und stellte fest, dass ich nicht der einzige war, dem es so ging. Auch Leute, die schon seit zehn Jahren oder länger hier oben leben, hielten inne, schauten sinnend nach draußen und sagten: »Es fängt wieder an zu schneien.«

Inzwischen liegen etwa dreißig Zentimeter. In den letzten beiden Nächten hat es längere Schneefälle gegeben. Die Schneehasen sind weiß und in Sicherheit. Hirsche und Elche dagegen sind in den kahlen, weißen Wäldern von den Jägern leicht aufzuspüren. Elche sind in den letzten Tagen nicht mehr geschossen worden, aber einige Hirsche haben daran glauben müssen, große, imposante Böcke zumeist. Man kann sich in seiner dicken Winterjacke auf die Bank vor dem Laden setzen, eine Tasse Kaffee schlürfen und auf die Jäger warten, die mit ihrer Beute vorbeigefahren kommen. Eine traurige Vorstellung, dass der große Hirsch, der tot auf ihrer Pritsche liegt, nur den allerersten Schnee dieses Winters hatte sehen können.

Aber es gibt keinen Raum für Traurigkeit, keine Chance, dass sie sich länger halten könnte. Dafür gibt es reichlich Raum für Aufregung und Staunen. Vielleicht hat gerade dies dem großen Hirsch das Leben gekostet. Es ist schon seltsam. Ich bin selbst Jäger und kann doch nicht umhin mir vorzustellen, dass die Hirsche genauso fühlen wie wir, wenn der erste Schnee auf ihren Fellen und Geweihen landet.

20. NOVEMBER

Ich fange schon an, mich gehen zu lassen. Ich versuche, mich jeden zweiten Tag zu rasieren, aber in letzter Zeit sind öfter auch mal drei oder vier Tage vergangen, manchmal sogar fünf. Meine Haare sind struppig, trocknen leichter aus hier oben, werden strähnig und wirr. Elizabeth scheint es nichts auszumachen, jedenfalls hat sie es nie erwähnt. Sie vermisst den Strom und das Programm des National Public Radio – überhaupt irgendein Radio – und sogar den Fernseher (es tut Paaren gut, wenn sich ihr Geschmack ein wenig unterscheidet). Trotzdem verbringen wir die meiste Zeit damit, uns über das zu freuen, was wir haben, anstatt darüber zu lamentieren, dass es hier oben zum Beispiel keine Waschmaschine und keinen Trockner gibt.

Zum nächsten Waschsalon müssen wir bis nach Libby fahren. Im Yaak Valley soll es eine Jagdhütte geben, in der eine Waschmaschine und ein Trockner stehen, aber ich habe gehört, das Quellwasser enthalte Mineralien, die allen Kleidern einen Rotstich verleihen.

Kein Radiosender hat es je geschafft, seine Wellen über die Berge und in das enge Tal zu schicken. Freunde bieten uns an, Musiksendungen – Bluegrass, Jazz und Rock – für uns aufzunehmen. Sie verstehen nicht, welche Einsamkeit solche Aufnahmen verbreiten würden, und reagieren unwirsch, wenn wir dankend ablehnen.

Das Schöne am Live Radio ist ja nicht die Musik an sich – und erst recht nicht das unablässige Geschwätz, das meist doch nur dazu benutzt wird, die große Leere zu stopfen. Es ist das altmodische Gefühl der Verbundenheit, das man besonders bei spätabendlichen Fahrten über Land noch erleben kann: Man drückt auf einen Knopf, dreht am Sucher und auf einmal hat man Kontakt – Kontakt zu einem anderen menschlichen Lebewesen.

Das künstliche, schale Echo dieses Kontakts dagegen, das uns entgegen schallen würde, wenn wir abends in unserem Blockhaus säßen und versuchten so zu tun, als würde die aus dem Lautsprecher kommende Stimme mit uns den gleichen Augenblick erleben, uns gerade jetzt mit einer spontanen Auswahl an Musik beglücken – das wäre einsamer als die vollkommene Stille und würde uns die völlige Isolation nur noch deutlicher vor Augen führen. Deshalb sagen wir nein danke und hören uns lieber unsere alten Bänder und Alben an – Rock, Country, Klassik, alles, was wir mitgebracht haben. Abends, wenn der Generator läuft, ist unser Haus von Musik erfüllt. Das Radio nachzuahmen, wollen wir gar nicht erst versuchen.

Und das Fernsehen! Nicht dass Elizabeth es sehr vermissen würde. Abends näht sie oft, wir spielen Scrabble und Binokel (unsere ganz persönliche Version, die ewig dauert; ich spiele ganz gerne, Elizabeth dagegen ist ganz verrückt danach; sie passt sehr gut in dieses Tal, in mancher Hinsicht besser, als mir das je gelingen wird.) Oder wir räkeln uns einfach mit den Hunden vor dem Feuer. Es wird sehr früh dunkel hier.

Weder Elizabeth noch ich vermissen das Telefon.

Zu meiner großen Freude habe ich herausgefunden, dass man keines braucht. Es treten keine Katastrophen ein, wenn man nicht gleich anruft oder selbst keine Anrufe bekommt. Die Leute setzen sich hin und schreiben Briefe. Selbst wenn es tatsächlich wichtig ist, wenn sie einen wirklich brauchen – was der einzige Grund für einen dringenden Anruf wäre –, passiert nichts Schlimmes. Die Leute warten einfach.

Wir haben ein Funkgerät für Notfälle. Und wenn es sein muss, können wir jederzeit die sechs Meilen nach Yaak fahren, uns an einen der öffentlichen Fernsprecher stellen oder auf einen der Baumstümpfe daneben hocken. Wenn die Leitungen ausnahmsweise nicht unterbrochen sind und gerade mal kein Fahrzeug laut rumpelnd über den Yaak River fährt, kann es sogar gelingen, dass wir uns auf die knisternde, wacklige Verbindung nach New York oder Singapur konzentrieren können.

Per Express Mail kann man uns außerdem in weniger als achtundvierzig Stunden etwas schicken (wir leben, wie das U.S. Post Office es vorsichtig umschreibt, in der »Zwei-Tages-Service-Zone«). Wenn es wirklich etwas Dringendes gibt und die Leitung in Yaak unterbrochen ist, bin ich in weiteren fünfundvierzig Minuten in Troy, einem Örtchen mit 900 Einwohnern und vier öffentlichen Fernsprechern. Und dann ist ja auch Libby nur eine Stunde entfernt.

Im Blockhaus ist es still. Die Tollwutmarken der Hunde klimpern jedes Mal, wenn sie aufstehen und sich strecken oder nach draußen gelassen werden wollen. Der Fußboden knarrt, wenn Elizabeth oder ich ein paar Schritte gehen. Der Wind schlägt gegen die Balken, das Feuer knackt, die Scheite verbrennen und sacken dann mit einem dumpfen Geräusch nach unten. Ob es schneit, regnet oder graupelt – der Wind dreht sich ständig in dem engen Tal; ein böiger Nordwind verwandelt sich in einen kräftigen Südwind, heftiger Regen geht in dichtes Schneegestöber über, es ist ein ewiges Tauziehen – wer gerade Oberhand hat, können wir am Prasseln gegen die Fensterscheiben hören.

In der Nacht heulen die Kojoten. Die Schlittenhunde und Huskies aus dem ganzen Tal antworten ihnen, stehen auf und bellen, bis die Berge widerhallen vom Wehklagen des Tales und es sich anhört, als lebten wir auf einer Insel der Verdammten…

21. NOVEMBER

Auf dem Rückweg von Libby komme ich über die Passhöhe. Zwei Tage und Nächte lang ist Schnee gefallen, große Flocken, herabschwebende Federn. Trotz Vierradantriebs hat der Truck große Mühe voranzukommen. Die Straße vor mir ist weiß und makellos, dicke Polster aus trockenem, weichem Schnee bedecken die Fahrspuren, vor mir ist heute noch niemand über den Gipfel gekommen. Im Kegel meiner Scheinwerfer wirbeln die Flocken, versuchen mich zu hypnotisieren. Elizabeth wartet zu Hause und macht sich sicher schon Sorgen, die Flocken drehen in Spiralen auf die Windschutzscheibe zu, zielen auf mich, auf mein Herz, ich spüre die Straße unter den Reifen. Ich folge einem weißen Fluss aus Schnee, der mich bis zu meiner Hütte in den Bergen, den ganzen Weg bis nach Hause führt.

23. NOVEMBER

Elizabeth und ich haben uns schon daran gewöhnt, unsere Stiefel abzuklopfen, ehe wir das Haus betreten. Ich muss lachen, wenn ich sehe, dass wir darin echte Profis sind, dass es uns völlig selbstverständlich in Fleisch und Blut übergegangen ist. Wer uns dabei zuschaut, würde niemals auf die Idee kommen, dass wir nicht im Schneeland aufgewachsen sind, nicht schon unser ganzes Leben hier verbracht haben.

Beim Abklopfen des Schnees von unseren Stiefeln sind wir von den Einheimischen nicht zu unterscheiden. Dies zu wissen, tut mir gut, ich fühle mich verwurzelt.

24. NOVEMBER

Ich beobachte einzelne Flocken, verfolge ihren Weg, spähe hinauf in die leere Unendlichkeit, aus der sie kommen, lausche der besonderen Stille, die jede einzelne Flocke um sich herum schafft.

Wenn der Schnee fällt, ist alles, was mich schuldig macht, verziehen. Ich fühle mich stark. In Städten fühle ich mich schwach und haltlos, hier draußen im Schnee bin ich wie ein Tier – ohne Beherrschung meiner Gefühle, meines Glücks, meines Zornes, ungestüm in meiner Liebe zum Schnee, den ich mit ausgebreiteten Armen empfange, als hätte ich ihn vom Himmel herunter befohlen. Wie er sich wirbelt und dreht und doch seinen Weg zum Boden findet, wie er alles ausradiert, bis am Ende nicht einmal Tag und Nacht voneinander zu unterscheiden sind, weil rund um die Uhr die gleichen Lichtverhältnisse herrschen, Morgen- und Abenddämmerung ineinander übergehen.

Ich werde niemals alt werden. Je mehr Schnee herunterkommt, desto reicher werde ich. Und er wird zu mir herunterkommen. Wird auf meiner Erde landen. Keine einzige Flocke wird mir entgehen. Eine ganze Weile lang stand ich heute Nachmittag im T-Shirt draußen im Freien, ließ den Schnee über mich kommen wie eine große Flut.

25. NOVEMBER

Der Tag vor Thanksgiving. Die Fenster mit Eisblumen überzogen. Ich habe sieben Kilo zugenommen, die Hälfte davon Muskeln, die andere Hälfte nicht.

Noch mehr Schnee. Ich habe keine Briefe mehr geschrieben, mir nicht mal eine neue Geschichte auch nur ausgedacht. Manchmal muss man hier oben einfach eine Runde aussetzen.

Dave hat mich vorgewarnt. Ganz egal, was dringend ansteht, welche Verpflichtungen man hat oder wie ehrgeizig man ist, hier oben muss man einen Gang runterschalten. Man schläft lange. Isst manchmal vier große Mahlzeiten am Tag. Lauscht dem Krächzen der Raben und ist ansonsten damit beschäftigt, das Feuer am Brennen zu halten.

Immer wieder stehe ich einfach draußen im Schnee und schaue mich staunend um. Ich kann nicht glauben, dass ich tatsächlich so reich bin, dass ich all diesen Schnee zu sehen bekomme, dass er ganz mir, ganz uns gehört.

Es wird immer stiller, fühlt sich eher an wie ein jenseitiges Leben. Ich hätte mir nicht träumen lassen, dass ich an einem so rauen Flecken, fern aller Menschen, leben und dabei so ruhig sein kann.

Auf meinem Weg nach Norden habe ich so viele unfreundliche Leute getroffen. Ich habe es nicht verstanden, wollte schon im Spiegel nachschauen, ob an mir irgendetwas Anstößiges ist. Selbst in Provo, Utah, stieß ich auf furchtbar mürrische Zeitgenossen. Immerhin konnte ich mich dort auf die Mormonen verlassen, die immer höflich sind, wenn auch manchmal vielleicht auf etwas allzu süßliche Weise.

Aber nein. Irgendetwas geht in unserem Land vor sich, legt sich auf jeden Einzelnen wie graue Asche.

Nicht auf mich!

»Lügner! Masquerados! Verdammte Scharlatane!«, brüllt Barry Hannah seinem Publikum zu. »Americanos!«, möchte ich hinzufügen.

Es gibt so viele Blender und Bluffer. Warum nur? Der Betrug ist gesellschaftsfähig geworden, zur akzeptierten Norm. Er ist ein Bestandteil unserer Kultur. Ein Mann hat mir einen batteriebetriebenen kleinen Fernseher verkauft (made in USA, ein Vorteil, wie ich dachte) und mir versichert, damit hätte ich in den Bergen ganz bestimmt einen guten Empfang. Verdammt, ich habe das Ding sogar in den Bergen gekauft, in Santa Fe. Elizabeth saß am Steuer, und ich wollte mir während unserer langen Fahrten das Spiel Oklahoma gegen Nebraska und all die anderen Football- und Basketballspiele ansehen. Der Mistkerl hatte das Ding in seinem Laden an eine Antenne angeschlossen. Er sagte, ohne Antenne hätte ich den gleichen Empfang, aber ich bekam keinen einzigen Sender rein. Ich sah ihm in die Augen, als ich ihn fragte, ob ich tatsächlich mit dem gleichen Empfang rechnen könne, aber seine verfluchte Aufgabe war es, mich anzulügen. Es machte ihm nicht das Geringste aus. Er hatte schon vor langer Zeit aufgehört darüber nachzudenken, was er tat und mit welchen Folgen.

Er war um die vierzig, ein erfolgloser Schauspieler vielleicht, einigermaßen gut aussehend, immer lustig und fröhlich, ein ewiges Lächeln auf dem Gesicht, mit dem er mir wohl suggerieren wollte, er und ich wären die einzigen, die klug genug wären, um den wahren Wert der kleinen Fernseher in seinem Schaufenster zu erkennen.

Als ich nach Hause kam, erfuhr ich, dass der Mann in Alabama, der meinem Partner und mir für 2000 Dollar in Houston ein Stück Land mit Öl- und Gasvorkommen verpachtet hat, gar nicht die Schürfrechte für dieses Land besaß. Wir hatten ihn bezahlt, und er hatte uns versichert, die Schürfrechte würden mit dem Pachtvertrag auf uns übergehen. Ich glaube, er wusste von Anfang an, dass ihm die Rechte nicht gehören; jetzt ist es jedenfalls sicher. Trotzdem denkt er nicht daran, uns das Geld zurückzugeben.

Die Eisblumen am Fenster des Gewächshauses schmelzen, aber mein Herz bleibt hart und kalt. Das Feuer knistert im Ofen und strömt eine brüllende Hitze aus. Sie wird mich eines Tages noch umbringen, diese schäumende, sich niemals richtig Luft verschaffende Wut. Was soll aus mir werden, wenn ich sie nicht mehr ausschwitzen, mich beim Sport nicht mehr verausgaben kann? Diese Wut ist keine gute Angewohnheit, aber im Umgang mit ihr bleibt mir nichts anderes übrig, als gegen sie anzukämpfen oder vor ihr davonzulaufen.

Also laufe ich vor ihr davon. Zwangsläufig muss ich an die Exil-Schriftsteller in den 20er und 30er Jahren denken, an den berühmtesten unter ihnen – war es Ezra Pound? –, der sagte, er habe sein Land verlassen, weil er nicht mehr ertragen konnte mit anzusehen, was daraus geworden war.

Wie würde er jetzt, fünfzig Jahre später, über das gleiche Land denken?

Ich verstecke mich hier oben – das ist keine Frage.

Der Niedergang unserer Nation ist bedrückend. Wir werden wahrhaftig senil, nähern uns unaufhaltsam dem Ende; jedes Mal, wenn ich in eine Stadt komme, spüre ich es deutlicher. Ich will nichts weiter, als endlich nach Yaak zurückkehren, zurück in den Schnee, zurück in die Berge.

Ich frage mich, ob ich bereits vorzeitig verglüht und gestorben bin, ob ich in den Schnee, in die Bergen versetzt wurde, ob für mich das Leben nach dem Tod bereits begonnen hat. Vielleicht ist das der Grund, warum ich hier bin. Jedenfalls habe ich nichts von alledem zuvor schon mal gesehen.

26. NOVEMBER

Thanksgiving. Die Texaner, die hier oben leben – wir sind gut vertreten, fast ein Drittel der Talbewohner scheint aus Texas zu stammen – versammeln sich bei Bill und Carol zum Essen. Dicke Flocken fallen. Dass im Hintergrund kein Footballspiel läuft, kommt mir ganz und gar ungewohnt vor. R. C. ist der Älteste unter den langbärtigen, vor langer Zeit hierher transplantierten Ex-Texanern. Er sagt, er habe früher als Elektriker bei der Navy gedient, er ist ein bisschen wirr im Kopf, glaube ich, und ein echtes Genie. Er trägt eine schwarze Hornbrille, durch die er jeden anblinzelt, mit dem er spricht, jeden einer gründlichen Musterung unterwirft. Dabei sieht er immer aus, als sei er gerade aus einem langen Mittagsschlaf erwacht. In seiner Abteilung in der Navy gehörte er zu den wenigen, die das Morse-Alphabet beherrschten, nur drei Männer konnten in der Truppe morsen, und R. C. sagt, die anderen beiden hätten es von ihm gelernt.

»Man musste verdammt flink sein«, sagt R. C.

Ich sehe ihn mit den Fingern auf den Tisch trommeln, während er spricht. Er sagt etwas und morst es gleichzeitig auf die Tischplatte. Als würde er nicht nur mit mir, sondern noch mit einer anderen Person sprechen, die ihm im Grunde viel wichtiger ist. Zum letzten Mal richtig gemorst hat er vor über zwanzig Jahren in Vietnam (R. C. ist inzwischen sechzig). Trotzdem kann man seine Finger ständig trommeln sehen, was er gerade sagt oder denkt.

Vielleicht erinnern Sie sich an die berühmte Botschaft, die von einem General aus den Staaten übers Wasser geschickt und von Kriegsschiff zu Kriegsschiff gemorst wurde, bis sie schließlich Südostasien erreichte: VORSICHT – WIEDERHOLE, VORSICHT – SÜDASIATISCHE FEINDE VERSUCHEN DIE KAMPFKRAFT UNSERER TRUPPEN DURCH GEZIELTE EINSCHLEUSUNG VON DROGEN ZU SCHWÄCHEN – WIEDERHOLE, VORSICHT. Irgendwo in Südostasien wurde die Botschaft aufgefangen und die Antwort zurückgemorst: SCHICKT MEHR DROGEN. Das war ich, sagt R. C., ich habe die Antwort an den General geschickt.

Dabei würde er Drogen eigentlich hassen, sagt R. C., sie seien ihm zuwider, und er habe nie welche ausprobiert. Alles, was er sagt, ist klar wie Eis. Er redet nur in Punkten, ohne Striche.

Wir warten auf den Truthahn. Der erste ist missglückt, deshalb müssen wir einen zweiten braten. Bis er fertig ist, wird es vier Stunden dauern. Als uns endlich der Bratengeruch des zweiten Truthahns in die Nase steigt, ist es schon später Nachmittag. Bill erzählt von einer Reise durch Afrika, die er und Carol mit Fraecke und Della vor zehn Jahren in zwei VW-Bussen unternommen haben. Er zeigt uns die Fotoalben – Bilder vom Nil und von Elefanten.

»Eines Nachts haben wir in unseren Bussen auf einer Ebene in der Wüste hoch über dem Fluss geschlafen«, berichtet Bill. »Mitten in der Nacht bin ich aufgewacht – ich glaube, der helle Mond hat mich geweckt. Jedenfalls sah ich hinaus, und da standen lauter Nilpferde mitten in der Wüste um unsere beiden Wagen herum. Die Viecher hatten uns förmlich eingekreist. Jedes einzelne von ihnen war so groß wie unsere Busse. Wahrscheinlich haben sie die

Wagen für Nilpferde gehalten, wollten sie zur Begrüßung gründlich beschnuppern. Ich hatte keine Ahnung, wie wir uns verhalten sollten. Ich habe gar nicht mitbekommen, wie sie aus dem Fluss gekommen sind.«

»Sie kommen nachts raus«, erklärt Carol. »Tagsüber würde die Sonne ihre Haut verbrennen, deshalb müssen sie unter Wasser bleiben. Aber nachts, wenn es kühl wird, steigen sie aus dem Fluss und kommen ganz normal in die Wüste getrottet. Im Sand kann man überall die Abdrücke ihrer Hufe sehen.«

R. C. macht ein finsteres Gesicht. Er mustert Carol so eingehend, dass ich das Gefühl habe, sie müsste jeden Augenblick zerspringen. Aber sie lächelt bloß. Was sie gesagt hat, ist die reine Wahrheit. Wir reichen das Album herum und schauen uns weitere Bilder an. Draußen im Garten sehe ich Hirsche. Sie bleiben stehen, und scharren wie Pferde mit den Hufen im Schnee. Sie suchen nach Futter. Es ist kalt draußen. Ein großer Bock tritt ans Fenster und schaut herein. Sein Atem beschlägt die Scheibe. Er hat ein imposantes Geweih. Die Katze spring vom Schaukelstuhl und läuft verängstigt ins andere Zimmer.

Pekankuchen.

Würstchenfüllung.

Süßkartoffeln.

Sechzig Zentimeter Schnee bedecken den Garten, trotzdem wuchsen im Sommer dort Kartoffeln. Wir alle wohnen Meilen voneinander entfernt, im Tal verstreut. Wenn einer von uns mit den anderen in Kontakt treten will, weil er etwas Dringendes mitzuteilen hat, rufen wir uns über CB-Funk an. Die Geräte haben wir in unseren Küchen und unseren Trucks ständig bei uns. Sagen wir, Fraecke würde beim Holzmachen mit seinem Truck im Schnee stecken bleiben. Nehmen wir an, es würde schon dämmern, es wäre minus fünfzehn Grad, und Fraecke könnte mit seinem schlimmen (natürlich bei einem Unfall beim Holzfällen verletzten) Bein nicht nach Hause laufen. Er würde zum Funkgerät gehen, und Elizabeth würde ihn beim Brotbacken in der Küche hören, würde ihm sagen, dass ich sofort zu ihm aufbrechen würde. Vielleicht würde auch der unermüdliche R. C. dazwischenfunken und sagen, dass er sowieso in dieser Richtung unterwegs sei und Fraecke helfen könne. Oder R. C. würde anhalten, und wir würden beide gemeinsam zum Berg hinauffahren und Fraeckes Truck aus dem Schnee ziehen.

Wir versuchen, den Funk nicht für Nichtigkeiten zu missbrauchen. Die Geräte haben eine Reichweite von zwanzig Meilen. Wir funken auf einem Kanal, für den sich sonst niemand interessiert, den sonst auch kaum jemand hören kann. Trotzdem gehen wir damit nicht leichtfertig um – wir rufen niemanden an, um einfach mit ihm zu plaudern oder über dieses und jenes zu tratschen. Das wäre trivial und jedenfalls nicht der Grund, warum wir hier oben sind. Wenn wir mit jemandem reden wollen, fahren wir zu seinem Blockhaus, setzen uns an seinen Tisch und bleiben den ganzen Nachmittag oder Abend da. Und wenn wir unsere Ruhe wollen, bleiben wir zu Hause. Aber wir achten immer auf das Funkgerät, haben es angeschaltet für den Fall, dass einer von uns Hilfe braucht.

»Ich habe schon mal Blitze im Schneesturm gesehen«, erzählt R. C. und sieht Carol herausfordernd an, als wollte er ihre Geschichte mit den Nilpferden noch immer anzweifeln. »Tja, ich habe schon manches Sonderbare erlebt. Hat jemand von euch schon mal Blitze im Schneesturm gesehen?«

Keiner von uns kann mit R. C. mithalten. Ich glaube, Blitze im Schneesturm können wir uns nicht einmal vorstellen.

»Ich habe sie mit eigenen Augen gesehen«, beharrt R. C.

Carol geht in die Küche, um nach dem Truthahn zu sehen. Hugh aus Kilgore schneidet den Pekankuchen an, bringt jedem ein Stückchen auf einem winzigen Teller, dazu Kuchengabel, Serviette und eine Tasse Kaffee.

Wir werden den Nachtisch einfach als Erstes essen und dann warten, bis der Truthahn fertig ist.

R. C. schaut den Schneeflocken draußen im Garten zu, betrachtet die Düsternis, die sich an einem Winterabend wie diesem über die Landschaft senkt. Inzwischen haben sich noch mehr Hirsche draußen vor den Fenstern versammelt, an die zwanzig sind es jetzt. Der Holzofen ächzt und knackt. Draußen schneit es unbeirrt weiter, und ich ahne schon, wie still es sein wird, wenn ich heute Abend nach draußen trete.

R. C. verfolgt das Fallen der Flocken mit großem Respekt, während er seinen Kuchen in der Hand balanciert, ihn einfach so isst, auf die Gabel verzichtet.

»Meine Eltern hielten mich für übergeschnappt«, brummt er, den Blick noch immer fest auf den Schnee gerichtet.

Unter uns ist niemand, dem es nicht ähnlich ergangen wäre. Wir alle sind in der Gesellschaft, bei der großen Mehrheit angeeckt. Wir alle haben immer auch noch etwas Besseres, etwas Anderes gehört, etwas Summendes und Knisterndes, von dem wir lange Zeit nicht wussten, was es war. Auch wenn wir es nicht zu fassen bekamen, hat es uns doch niemals losgelassen.

Manchmal, wenn wir im Sommer ganz nah am Ufer des Yaak River stehen, können wir mit unseren CB-Funkgeräten weit gereiste Irrläufer auffangen – nicht die üblichen bodennahen Wellen, sondern Wellen, die in großer Höhe laufen, dem äußeren, gekrümmten Rand der Atmosphäre folgen, deshalb sehr viel schneller sind und aus großer Ferne kommen, aus Nebraska oder aus Florida, und von der Schüssel unseres Tales eingefangen werden. Sie prallen an den hohen Bergen ab und schwirren zwischen den steilen Felshängen hin und her wie wild gewordene Hornissen, sodass wir manchmal spät abends den Gesprächen irgendwelcher Farmer in Kansas oder Oklahoma lauschen können. Zwischen uns liegen zweitausend Meilen, aber ihre Stimmen klingen so klar wie helle Glocken. Sie denken, wir wollten sie verarschen, wenn wir ihnen sagen, dass wir ihnen aus einem Gebirgstal in Montana antworten. Sie meinen, wir säßen um die Ecke irgendwo in Oklahoma City und wollten uns auf ihre Kosten amüsieren.

»Erklär ihnen, wie das funktioniert«, sage ich, und R. C. greift zum Mikrofon und versucht ihnen ernsthaft klar zu machen, wie es zu den Irrläufern kommt. Aber wir merken bald, sie haben eigentlich keine Zeit dafür, hören uns kaum zu.

Der Truthahn ist fertig. Das heiße Messer gleitet hinein, und die Fleischstücke fallen auseinander. Wir gießen Sauce über die Füllung und das mürbe, saftige Fleisch. Elizabeth hat die Brötchen gebacken. Sie dampfen noch, als wir sie mit Butter bestreichen. Della hat die Butter gemacht. Alles schmeckt so gut, dass mir ganz zittrig wird. Ich habe das Gefühl, ich könnte auf der Stelle weinen. Ich will, dass es immer so bleibt. Ich sitze am Ofen, und meine Füße sind warm. Der Kaffee ist gut. Carol bringt uns allen noch ein Stück Kuchen, dazu eine Kugel selbst gemachtes Eis. Fraecke steht auf und steckt den Kopf aus der Tür.

»Es schneit immer noch«, verkündet er.

»Ein Neunzehnhundertsechsundfünfziger Buick Sentry«, sagt R. C., und alle, die sich damit auskennen, seufzen anerkennend. »Das stärkste Auto, das je produziert worden ist. Eigentlich hätte man es gleich verbieten müssen. Mich hat es mal zwanzig Dollar gekostet.«

Niemand braucht R. C. zu fragen, wie es dazu kam. Ich bin so froh, dass er hier ist.

»Ein Freund von mir lud mich zu einer Spritztour ein, legte einen Zwanzigdollarschein aufs Armaturenbrett und erklärte, er würde gleich von null auf fünfzig beschleunigen. Wenn ich den Schein vom Vordersitz aus packen könnte, ehe wir bei fünfzig wären, würde er mir gehören. Falls nicht, müsste ich ihm zwanzig Dollar geben. Er tritt also aufs Gas und ich werde mit voller Wucht in meinem Sitz nach hinten geschleudert, ich versuche nach vorn zu greifen und nach dem Schein zu angeln – keine Chance. Das Ding zog dermaßen los, dass ich meine Hände höchstens in Zeitlupe bewegen konnte. Der Motor war einfach zu stark.«

Eines noch zu R. C.: Er päppelt gerade einen kleinen Hirschbock auf, einen Jährling, fast noch ein Kitz. Er hat ihn im Wald gefunden. Es ist von Jägern verwundet worden. Irgendwie hat R. C. es geschafft, den Kleinen einzufangen, hat ihn siebzig Meilen in die nächste Stadt zum Tierarzt gefahren und ihn behandeln lassen. Jetzt hat er ihn bei sich zu Hause im Wohnzimmer, füttert ihn, pflegt ihn, wechselt regelmäßig die Verbände. Er sagt, er habe jeden Tag zwei, drei Stunden Arbeit mit dem kleinen Tier.

3. DEZEMBER

Beim Aufwachen Schnee am Himmel. Dreieinhalb Zentimeter fielen in der Nacht, während wir schliefen, ohne etwas davon mitzubekommen. Doch jetzt sind die Temperaturen rückläufig, bewegen sich in die falsche Richtung, klettern auf der Skala nach oben. Der Chinook weht warme, feuchte, föhnige Luft in das enge Tal und vertreibt unseren Winter (von dem ich gerade gedacht hatte, dass wir ihn uns verdient hätten). Ich bin richtig wütend darüber, dass der Schnee schmilzt, von den Dächern der Häuser und Scheunen rutscht und die Eiszapfen tropfen. Ich habe das Gefühl, als würde mir etwas weggenommen.

Außerdem ist unser Besuch, mein Freund Kirby, abgereist. Gerade als wir uns an menschliche Gesellschaft gewöhnt hatten, sind wir wieder allein. Es ist verwirrend: Sind wir nun einsame Wölfe oder sind wir Herdentiere – Hirsche, Elche, Schafe? Meine Augenlider beginnen zu flattern. Wir vermissen Kirby. Und dann noch dieser verdammte Chinook! Wir wollen, dass es kalt ist, wir wollen den Schnee, sehnen uns nach Abgeschiedenheit, Einsamkeit, Verlassenheit, Stille. Deshalb sind wir hier. Genau wie alle anderen. Kein besonders schmeichelhaftes Eingeständnis, aber wir sind alle vor irgendetwas weggelaufen, nur in der Abgeschiedenheit fühlen wir uns sicher. Wenn der Schnee schmilzt und die Straßen wieder passierbar werden, wenn jeder verdammte Tourist zu uns vordringen kann, kommen wir uns vor, als hätte man uns auf brutale Weise entblößt.

Ich will, dass der Winter kälter wird, härter, tiefer – nicht wärmer.

Heute läuft alles schief. Ich bin schlecht gelaunt. Elizabeth ebenfalls. Was wir erleben, ist das Gegenteil von einem Budenkoller. Davon kann man in keinem medizinischen Lehrbuch lesen.

Ich will mehr Schnee. Ich will vollkommen eingeschneit sein. Und ich bin verwirrt. Als Kirby hier war, hatten wir richtig viel Spaß.

Ich gelte als Einsiedler, als Eigenbrötler – und dann? Ich flüchte tief in den Wald, um festzustellen, dass ich Menschen, Freunde liebe.

Aber den Wald liebe ich auch. Direkt vor meinem Fenster fängt er an. Ich lege die Finger auf die kalten Fensterscheiben des Gewächshauses. Die Wildnis ist nah. Und was daran wild ist, beobachtet mich, auch wenn ich es nicht sehen, mich nur an die Spuren im Schnee halten kann – es versteht mein flatterndes Augenlid, mein flatterndes Herz.

9. DEZEMBER

Wir haben es hier oben recht häufig mit Predigern zu tun, vor allem mit jungen Missionaren. Es kommt mir vor, als diente unser Tal zu ihrem persönlichen Bewährungslauf, als Teststrecke, die sie absolvieren, ehe sie nach Yukon weiterziehen. Auf die allgegenwärtigen Mormonen habe ich fast schon gewartet. Stark, sanft, unkompliziert und selbstbewusst bilden sie stets ein perfekt aufeinander abgestimmtes Duo, sind immer im Training, das ständige Herumfahren mit ihren Rädern lässt ihre Armmuskeln wachsen und ihre Wangen glühen. Sie können es mit der ganzen Welt aufnehmen, sie kennen die Welt, laufen nicht vor ihr davon wie die beiden Propheten, die gestern an unsere Haustür klopften. Die Mormonen glauben, etwas Besseres gesehen zu haben, etwas Besseres zu besitzen. Sie belastet nichts außer ihrem schlechten Gewissen, weil sie es so gut haben und der Rest von uns nichts davon weiß. Es ist dieses schlechte Gewissen ebenso wie das Gebot ihrer Kirche, was sie so eifrig ihrem Missionarsgeschäft nachgehen lässt.

Der Mann und die Frau hingegen, die gestern bei uns waren, kamen gegen elf Uhr in einem großen neuen Ford vorgefahren. Der Wagen hatte zweifarbige, kaum abgefahrene Winterreifen mit neuen, glänzenden Spikes; sie stammen aus der Gegend, können nicht weit gefahren sein, dachte ich. Ihre Kinder (fünf? sechs?) hatten sie im Wagen gelassen, hinter den Scheiben konnte ich ihre Köpfe sehen. Im ersten Moment dachte ich, sie wollten sich die Ranch anschauen, mögliche Käufer vielleicht. Ich hätte ihnen sofort alle Nachteile aufgezählt, von den Beschwerlichkeiten des Winters vorgejammert und sie darauf hingewiesen, dass das im Schuppen und an den Hauswänden aufgestapelte Holz keinesfalls im Kaufpreis inbegriffen war.

Der kleine Mann lächelte schief, wie ein geschlagener Welpe, der darauf hofft, den nächsten Schlägen zu entgehen. Seine Frau – hoch gewachsen, gut gekleidet, fast elegant, schwarzhaarig, eine Schönheit – stand sanftmütig hinter ihm, Füße und Knie zusammen gepresst und eine kleine Tasche in der Hand, als würde sie darauf warten hereingebeten zu werden, die Augen jedoch fest auf den kleinen Mann gerichtet. Als mir klar wurde, dass sie keine Käufer waren, schoss mir als Nächstes der Gedanke durch den Kopf, dass sie Hilfe brauchten. Sie sahen schrecklich verloren aus.

Der Mann fragte gleich als Erstes: »Gehören Sie einer bestimmten Religionsgemeinschaft an?«

Der Typ war gefährlich.

Ich sagte ihm, dass ich keiner bestimmten Religionsgemeinschaft angehöre. Dass ich Kirchen so satt hatte, dass ich allein bei dem Gedanken daran schreien könnte, hätte ich eigentlich am liebsten gesagt. Aber mir war klar, dass ihn das nur verwirren würde, dass es jenseits dessen lag, was er sich vorstellen oder gar begreifen konnte. Wie die Mormonen hatte er irgendeine neue Erklärung für alles, worin diese genau bestand, ist mir allerdings nicht klar geworden. Erst jetzt beim Schreiben fällt mir ein, dass die Kinder im Wagen entführt gewesen sein könnten. Er erschien mir zu winzig und abgehärmt, als dass ich ihm eine so enorme Zeugungskraft zugetraut hätte, und sie war zu jung, zu aufrecht, zu vage, um so oft Mutter geworden zu sein. Vielleicht hatten die Kinder ebenso wie die Frau eine gründliche Gehirnwäsche hinter sich. Ich ließ ein paar willkürlich ausgewählte Bibelzitate über mich ergehen (sie hatten ihre Bibeln hinter dem Rücken versteckt, zückten sie unerwartet). Der Mann wurde ganz erregt, als er einige Passagen vorlas, in denen mehrere Akteure aus dem zweiten biblischen Glied – Titus, Philemon und so weiter – sich darüber ausließen, ob der bloße Glaube ausreichend oder ohne ergänzende Taten witzlos sei.

Der kleine Mann war so nervös, dass er sich immer öfter verhaspelte, ganze Zeilen ausließ und manche Wörter falsch aussprach. Nur die Nummern der Verse ratterte er fehlerlos herunter, auch wenn er nicht wusste, was sie bedeuteten.

Da er meine Ungeduld, ja vielleicht auch meine Wut zu spüren begann – bestimmt hatte er in dieser Hinsicht ein gutes Gespür entwickelt –, lief er rot an und ging in die Offensive. Wie ein Tier, das aus der Deckung herausbricht, blätterte er wild in seiner Bibel herum, deutete mal auf diese, dann auf jene Schlüsselstelle, die mit dem Wetter, den Lebensgewohnheiten von Fischen und anderen Banalitäten zu tun hatte, und begann eine Vielzahl anderer Verse anzuführen, die seinen Standpunkt stützen sollten. »Schauen wir doch mal, schauen wir doch mal, Psalm 32,17 …war es 17? Nein, nein, doch, doch, Psalm 32,17…«

»Genau«, meldete sich seine Frau das erste Mal zu Wort und neigte sich dabei leicht vor.

Aber der kleine Mann riss das Geschehen sofort wieder an sich: »Da steht, da steht ...«

Ich musste ihn unterbrechen, ich konnte es nicht mehr ertragen, konnte nicht mehr höflich sein. Ich hatte ihm fünf Minuten Höflichkeit gewährt, aber er fand kein Ende, war dabei, meine Gutmütigkeit auszunutzen. Ich sagte ihm, ich hätte gerade an der Schreibmaschine gesessen und müsste zurück an meine Arbeit.

Die Frau setzte einen peinlich berührten Man-hat-mich-geschlagen-Blick auf, und das Gesicht des Mannes verzog sich zu einer höhnischen Grimasse. »Ich konnte nicht ahnen, dass Sie gerade an Ihrer Schreibmaschine saßen«, sagte er. Er ließ mir ein paar Traktate da, die wie Malbücher für Kinder aussahen und die neue, am Jüngsten Tag eingesetzte Regierung zeigten, eine Regierung der Sanftmütigen (zweifellos mit dem kleinen Mann als Präsidenten). Dann eilten sie zu ihrem Wagen zurück, wendeten im Schnee und fuhren zur Einfahrt zurück.

Als ich später am Tag zum Holzmachen fuhr, erspähte ich ihren auffallend neuen Ford vor einem Haus am Flussufer. Auf dem Rückweg sah ich sie mit versteinerten Mienen aus dem Laden kommen. Ich winkte, dann musste ich lachen. Ich stellte mir die Frau vor, die neulich hier ihren Mann gerufen hatte (»Ey, Schlappschwanz! Hier sind ein paar Missionare, die dich sprechen wollen«), wie sie ihnen einen gehörigen Tritt versetzte, einen Tritt für die Sanftmütigen. Ich fragte mich, wie sie überhaupt auf die Idee gekommen waren, es ausgerechnet in Yaak zu probieren. Ich stellte mir vor, wie sie die Landkarte studierten, ihre Route planten und auf die kleine Kreuzung mit dem seltsamen Namen zeigten: »Yaak. Das hört sich an wie ein Ort der Barbarei, Liebling, ein Ort, an dem man unsere Hilfe gebrauchen könnte.« Sie wären gut beraten, ihre Sanftmütigkeit über Bord zu werfen, dachte ich, sollten sie jemals erwägen, sich auf den Weg nach British Columbia zu machen.

Irgendwo muss es einen Reiseführer für Missionare geben, einen Geheimtipp, weil es so viele von ihnen ausgerechnet in unsere Gegend verschlägt. Schließlich gibt es hier gar nicht so viele Seelen, die man retten könnte, aber vielleicht ist gerade das der Grund. Die Leute sind so froh, überhaupt Besuch zu bekommen, vor allem im Winter, dass sie tatsächlich zuhören, um das Gespräch hinauszuzögern, anstatt sie grob vor die Tür zu setzen, wie ihnen das bei Städtern gewiss öfter passiert.

Vielleicht wird der ganze Schnee der Welt in unser Tal fallen, alles unter sich begraben, eine vollkommene Stille schaffen. Dann werde ich im Frühling ganz verändert, geläutert, nicht wiedergeboren, aber doch als neuer Mensch aus diesem Winter hervorgehen. Ich werde häufiger lachen, mich nicht mehr so oft über Dekadenz, Faulheit und Betrug aufregen und über all die Leute schimpfen, die uns um unsere Zeit ebenso betrügen wie um die Wahrheit, unseren Präsidenten eingeschlossen. Vielleicht werde ich all das endlich hinter mir lassen und munter und beschwingt ins Auto steigen und ins Tal hinunterfahren.

Es schneit wieder, und dazu weht ein starker Nordwind. Der Generator hat einen Kurzschluss und lässt sich nicht starten. Gestern habe ich den Ersatzgenerator angeworfen und mich vergewissert, dass er funktioniert. Einer der großen Flaschenzüge in der Scheune schwingt wild hin und her und quietscht dabei so laut, dass man es bis draußen hören kann. Ich könnte in die Scheune gehen, nach oben klettern und den Flaschenzug ölen. Aber das unangenehme Geräusch hat etwas Wildes, Ungestümes. Es gefällt mir zu gut, als dass ich es gleich ausmerzen wollte.

Heute ist Ann fortgelaufen, der Schnee hat sie völlig berauscht, sie sprang und schnappte nach den Flocken und stieg auf die Hinterbeine, um mit ihnen um die Wette zu tanzen. Ich folgte ihr bis zu den Nachbarn, wo sie herumschnüffelte und versuchte, in den Kaninchenstall einzudringen. Jeder andere hätte…

Aber das macht mir Angst. Ich werde sie im Auge behalten. Ich werde dafür sorgen, dass ihr nichts geschieht.

Am Abend ein starker Sturm und heftiger Regen. Mit dem Einsetzen der Dämmerung verwandelten sich die Regentropfen wie durch Zauberhand in dicke Schneeflocken.

Habe über das »geheimnisvolle« Loch in unserer Atmosphäre direkt über dem Nordpol nachdenken müssen. Kann es passieren, dass wir uns selbst an das All verlieren? Kann unsere Schwerkraft – und wir mit ihr – durch dieses Loch in eine Art Vakuum herausgesogen werden? Ich versuche mir vorzustellen, wie wir alle in Richtung Nordpol fliegen, aufgesaugt werden vom großen Nichts, ohne dass vorher die große Offenbarung kommt, ohne dass der Messias noch ein zweites Mal erscheint.

Und Ann ganz allein im Schnee zurückgelassen, auf Kaninchenjagd.

Schon in der Dämmerung brachen die ersten Bäume und fielen über die Straße, beladen mit Eis und Schnee. Es ist das Eis, das ihnen den Rest gibt. Ich hatte schon vergessen, dass mir im Herbst jemand geraten hatte, im Auto stets eine Axt mitzunehmen, um mir notfalls den Weg freischlagen zu können.

Ein Fehler wie dieser, eine gut gemeinte Mahnung zu vergessen, könnte mich das Leben kosten. Ich könnte irgendwo auf der Passhöhe stranden. Die Temperatur könnte absacken. Das Benzin könnte nicht reichen, um den Wagen mitsamt Heizung am Laufen zu halten. Mein Daunenschlafsack könnte zu Hause und nicht im Auto sein. Mein Truck könnte zum Gefrierschrank werden, in dem der Kältetod auf mich lauert. Ich könnte auch versuchen, nach Hause zu laufen, mich im Schnee verirren und im Wald erfrieren.

Jetzt, da ich weiß, was so ein Sturm anrichten kann, werde ich die Axt nie mehr zu Hause lassen. Er hat die Bäume reihenweise umgeknickt.

Gestern bin ich mit einer Axt zum Teich gegangen und habe große Eisblöcke herausgeschlagen, um meine Fleischvorräte zu kühlen (das Auspuffrohr der Propangaskühltruhe ist verstopft und muss erst gereinigt werden). Als ich die Eisblöcke aus dem Teich hob, wanden sich plötzlich lauter kleine, erschrockene Schalentiere an der Wasseroberfläche (Wasserschneider, Ruderwanzen, Ameisenlöwen). Ich konnte kaum glauben, dass es unter dem Eis vor Leben nur so wimmelte. Ich legte ein paar der Blöcke zurück auf den Teich, versuchte, die Tiere wieder abzudecken, weiß aber nicht, ob es funktioniert hat. Es war faszinierend, sie so auf dem Eis herumkrabbeln zu sehen. Manche hatten sich von der Unterseite her richtig eingegraben.

Dave Pruder kam vorbei, um die beiden Pferde zu füttern, Buck (den freundlichen Grauen) und Fuel (den scheuen, wilden, Dunkel-, fast Schokoladenbraunen). Ich sagte ihm, solange wir hier wären, könnten wir das gerne übernehmen.

Es machte Spaß, das süße Heu aus der Scheune über den Weg zu tragen und auf die Weide zu bringen. Mit laut auf der gefrorenen Erde klappernden Hufen kamen die Pferde angelaufen. Wir gaben ihnen außerdem einen großen Eimer mit Hafer zu fressen.

Bald, vielleicht morgen schon, werden wir einen Unterstand für die Pferde bauen. Dave hatte nicht mit dem kalten Regen gerechnet. Mit ihrem dichten Montana-Fell sind die Tiere gegen den Schnee gut gewappnet, aber der kalte, gefrierende Regen ist tückisch für sie. In starken Böen schlägt er gegen die Fensterscheiben. Ich hoffe, später im Winter nach Seattle und Vancouver reisen zu können. Geld ist, wie immer, noch ein Problem.

Aber ich bin im Trockenen und habe es warm. Stehen die Pferde draußen im kalten Regen, schauen zu den Lichtern des Hauses auf und fragen sich, warum sie so frieren müssen? Bestimmt sind sie unten bei den Bäumen und suchen Schutz vor dem Wetter – das hoffe ich jedenfalls.

Ein Stückchen weiter unten haben wir noch eine Scheune. Dave sollte die Pferde wenigstens dort unterstellen. Da bin ich jetzt gerade mal drei Monate hier oben und sage Dave, was er zu tun und zu lassen hat. Aber ich meine es ernst. In der Scheune ist es warm und trocken.

Habe Elizabeth heute eine Zeitung gekauft, den *Missoulian*. Sie hat sich damit vors Feuer gesetzt und sie gleich zweimal durchgelesen. Ich muss Elizabeth im Auge behalten, mich um sie kümmern. Wir müssen beide füreinander sorgen. Um uns herum liegt nichts als dichter Wald und dahinter Kanada.

Ich finde es herrlich. Ich könnte die ganze Nacht aufbleiben, lesen, neue Scheite aufs Feuer legen und dem Regen lauschen.

10. DEZEMBER

Ich habe einen enormen Kerzenverbrauch. Heute Morgen waren nur noch drei Stummel übrig.

Ein heulender Wind wirft Graupelkörner gegen die Fensterscheiben; er kann sich nicht für eine Richtung entscheiden, schlägt erst gegen das eine, dann gegen das andere Fenster. Ein paar Grashalme, die noch aus dem Schnee ragen, legen sich flach, wenn der Wind in Böen kommt, biegen sich abwechselnd in alle Richtungen.

Vor zwei Tagen ist ein Raketenabkommen unterzeichnet worden; ich las gestern in der Zeitung davon. Musste dabei an die natürlichen Ressourcen der Sowjetunion denken: gigantische Ölfelder, gewaltige Öl- und Erdgasreserven, Erze und endlose Wälder, unermessliche Weiten in Sibirien. Wie gern würde ich dieses Land einmal auf Skiern erkunden, vielleicht mit ein paar Schlittenhunden.

Mein Bruder Frank ist Journalist (und hat vor zwei Jahren den Pulitzerpreis gewonnen). Als verfrühtes Weihnachtsgeschenk hat er mir eine Reisetasche für Fotojournalisten geschickt, eine von diesen riesigen Banana-Republic-Teilen, die man über der Schulter trägt. Er spart gerade für eine Reise nach Zentralamerika, er will dort ein altes Auto kaufen und damit herumfahren. Gestern las ich, dass die Sandinisten einen siebenundfünfzigjährigen Farmer aus Iowa gefangen genommen haben, der dort unten mit einer winzigen Cessna durch die Gegend geflogen ist. Siebenundfünfzig? Ein Granddaddy aus Iowa als Gefangener der Sandinisten.

Weil Frank mein jüngerer Bruder ist, habe ich versprochen, ihn zu begleiten – vielleicht würde dabei sogar die eine oder andere gute Kurzgeschichte abfallen. Eigentlich würde ich aber viel lieber nach Sibirien oder auch nach Alaska reisen. Oder hierher – vielleicht könnte ich einfach hier bleiben.

Möglicherweise könnte ich für ihn eine heiße Story auftreiben, über die er statt dessen von hier aus berichten kann. Ich könnte eine erfinden oder selbst inszenieren, könnte in der Garage werkeln und eine Sprengkopf-Attrappe basteln, ein paar Aluminiumschläuche mit Stabilisierungsflächen aus schwarzem Plastik versehen, groß USSR an die Seite malen, einen tickenden Wecker hineinstellen, das Ding hinauf zum Henley Mountain fahren und so in den Schnee stellen, dass es garantiert von ein paar Jägern gefunden wird. Oder ich könnte gleich zwanzig oder dreißig davon überall im Yaak Valley aufstellen, auf das Dach vom Dirty Shame klettern, eine Rakete in den Schornstein stecken und anschließend ans Telefon gehen.

»Hey, Frank«, flüstere ich dann, »komm schnell her. Beeil dich, es ist dringend!«

Nein, ich bin nicht scharf darauf, nach Zentralamerika zu reisen. Ich habe auch kein Verlangen, mir den Libanon oder Belfast anzusehen. Mir gefällt es in Montana. Ich lebe am liebsten als Pazifist am Pazifik. Wenn auch in äußerst passiver Rolle: Ich verkrieche mich und lasse es draußen dicke Flocken schneien. Nicht einmal Leserbriefe habe ich in letzter Zeit geschrieben (jedenfalls nicht so viele).

Gereizt denke an die USA Today.

»Kätzchen: Die Katzen von morgen?«

Oder die folgende unsägliche Überschrift: »Filmreifer Mord in N. H. – Ein Fall wie ein guter Fernsehkrimi.«

Masquerados! Verfluchte Scharlatane!

12. DEZEMBER

Heute Morgen war der Himmel so blau, als wären wir in einem anderen Land aufgewacht; nach so vielen Tagen und Nächten voller Regen und Schnee war ich richtig erstaunt, den blauen Himmel wiederzusehen. Aber es herrscht eine gute, verlässliche Kälte von minus sechs Grad, und die Gewächshausfenster sind überzogen von Schneekristallen, die ganz schnell ihren Zauber verlieren, sich angesichts der Hitze meines neu entfachten Feuers in nichts auflösen, noch ehe dieser Satz fertig geschrieben ist.

In einem kleinen Raum zu schreiben hat den Vorteil, dass er sich rasch aufwärmt.

Habe mir vor zwei Tagen wieder das Knie verletzt, als ich in der Dämmerung auf einem Holzstoß herumkletterte und nach passenden Stücken suchte, die ich im fallenden Schnee noch schnell zurechtsägen konnte. Ich rutschte in eine Spalte und klemmte den Knöchel zwischen zwei Stämmen ein. Mein Knie schlug auf einen der größeren Stämme, ich schrie auf, hielt aber immerhin die noch laufende Säge fest und riss mich los. Ich kletterte herunter und humpelte eine Weile herum, dann sägte ich weiter. Gestern konnte ich das Bein gar nicht belasten und fürchtete schon, ich müsste ins Krankenhaus – noch mehr Ausfallzeit, noch mehr Ausgaben. Aber heute Morgen kann ich das Bein wieder einigermaßen belasten. Es tut noch weh, ist aber beweglich und scheint langsam besser zu werden.

Mein Bein und dieser klare, tiefblaue Himmel: Jeder Tag hat neue Überraschungen. Ich muss in die Stadt, um Unterbrecherkontakte für den Generator zu kaufen, Kopien zu machen, Post aufzugeben, Lebensmittel zu kaufen. Ich werde versuchen, vor Einbruch der Dunkelheit wieder hier zu sein, damit ich unseren Weihnachtsbaum schlagen kann. Anfang der Woche haben wir Popcorn gekauft, um ihn zu schmücken.

Würde heute außerdem gerne noch ein wenig Holz machen. Guter Kaffee. Ein guter Dezembertag.

13. DEZEMBER

Die Temperatur fiel letzte Nacht auf minus siebzehn Grad, trotzdem war uns warm unter unseren vielen Decken.

Heute Morgen ging ich raus, um Holz für den Ofen zu holen. Ich hatte mir gerade die Hände gewaschen und meine Kontaktlinsen eingesetzt. Wahrscheinlich war meine Hand noch feucht, als ich nach der Klinke griff, jedenfalls klebte sie am Metall fest und wollte nicht mehr abgehen. Als ich sie mit Gewalt fortzog, gab es ein hässliches Geräusch wie beim Aufreißen eines Klett-Verschlusses, bei dem mir ein kalter Schauer über den Rücken lief. Zum Glück waren es keine Hautfetzen, sondern nur Eiskristalle, jedenfalls diesmal, wir sind ja erst bei minus siebzehn Grad. Als ich später die etwa hundert Meter zum Gewächshaus hinüberging, eine kleine Tasse mit Milch für meinen Kaffee in der Hand (in dieser Hinsicht komme ich nach meiner Mutter), fror die Milch ein, noch bevor ich an meinem Schreibtisch angekommen war.

Minus siebzehn Grad. Ein gutes Gefühl. Heute werde ich unseren Weihnachtsbaum schlagen. Gestern habe ich es nicht mehr rechtzeitig geschafft. Aber es ist an der Zeit.

15. DEZEMBER

Gestern beim Monday Night Football im Dirty Shame habe ich einen Mann kennen gelernt. Nachdem wir längere Zeit Kommentare über verschiedene Spiele ausgetauscht und dadurch beide unsere Intelligenz und unser Wissen auf diesem Gebiet bewiesen hatten, verriet er mir seinen Namen: Joe. Ich nannte ihm meinen Namen, und wir schüttelten uns die Hände.

Joe ist der Bruder eines Mannes, der hier im Tal wohnt und den ich auch kenne. Gleich im nächsten Atemzug lässt er mich wissen, dass sein zweiter Bruder, ebenfalls hier oben ansässig, inzwischen im Gefängnis ist. Joe scheint darüber sehr erleichtert zu sein. Der zweite Bruder muss der Mann sein, vor dem Roger Craig, der Prediger, sich so fürchtete – der Mann, der schon mal im Gefängnis war, dann wieder rauskam und jetzt wieder hinter Gittern sitzt, weil er angeblich ein Boot gestohlen und nach Hawaii gebracht hat.

Daves Burritos waren gut, fleischiger und ausladender denn je, so groß wie der Essteller, auf dem er sie servierte. Normalerweise bestelle ich zwei, aber diesmal war ich vom vielen Sägen und Spalten so erledigt, dass ich gleich drei verputzte. Mein Schleifgerät ist kaputt gegangen, deshalb musste ich versuchen, meine Säge von Hand zu schärfen. Da ich Rechtshänder bin, habe ich es allerdings bei den nach unten abgeschrägten Zähnen übertrieben. Später hörte ich, dass das jedem so geht (es gibt im ganzen Wald keinen Holzfäller, der seine Säge öfter von Hand schärfen kann, ohne dass sich die Zähne zur einen oder zu anderen Seite neigen). Als Folge blockierte die Säge nicht nur häufiger, sie schnitt auch schräg, und ich musste kräftig nachhelfen, fast wie bei einer Handsäge ohne jede Motorkraft. Zu allem Überdruss hatte ich die Führungsschiene nicht alle sieben bis zehn Ster umgedreht, wie man es mir empfohlen hatte. Als man es mir erklärte, klang es ziemlich überzeugend. Aber dann stand darüber nichts in der sechzigseitigen Gebrauchsanweisung, und ich war so leichtsinnig, die Warnung in den Wind zu schlagen. Die Rille in der Führungsschiene, in der sich die Kette beim Sägen dreht, nutzt sich unten ab, wenn die Kette blockiert. Und bei einer stumpfen Kette wird die Führungsschiene (ähnlich wie nicht ausgewuchtete Reifen) so ungleichmäßig abgenutzt, dass man nur noch schief sägen kann – es sei denn, man hat regelmäßig die Führungsschiene umgedreht und die Abnutzung gleichmäßig verteilt. Wenn man Rechtshänder ist, drückt man ohnehin stärker nach rechts und schiebt die Kette damit nach links. Wenn man mit abgenutzter Führungsschiene und stumpfer Kette überhaupt noch sägen kann, werden alle Stücke schief – genau wie meine gestern.

Dick McGary hat mir das alles gestern Abend zur Halbzeit erzählt. Wer weiß, was ihn dazu getrieben hat, vielleicht war es reine Menschenliebe, vielleicht aber auch die Folge einiger Flaschen Bier in Kombination mit den winterlichen Temperaturen.

Er war ganz erstaunt, als er meine Säge mit seinem Schleifgerät für mich schärfen wollte (drei Dollar habe ich ihm dafür bezahlt) und dabei die Kettenbremse blockierte. Die Bremse ist eine Sicherheitsvorkehrung, die bei heftigen Rückschlägen vor Verletzungen schützen soll. Bewegt sich der Handschutz in Richtung Schienenspitze, wird die Arretierung des Bremshebels aufgehoben, die Sägekette kommt zum Stillstand und wird blockiert. Echte Holzfäller, sagte Dick, würden die Kettenbremse abmontieren, sie sei ihnen bei der Arbeit bloß hinderlich. Wer dreißig oder vierzig Jahre lang mit einer Säge im Wald gewesen sei, wisse einfach, wie man damit umgehen müsse. Tatsächlich habe ich einmal einen Holzfäller oben auf dem Hensley Mountain gesehen, der mit einer großen Profisäge, einem alten, ramponiert aussehenden Ding, einen Stamm entastete. Der Mann war mindestens Ende fünfzig und hatte bestimmt dreißig Kilo Übergewicht, aber er tänzelte geschmeidig an einem riesigen Stamm entlang und schwang dabei die surrende Säge wie der Leiter einer Marschkapelle seinen Dirigentenstab, wie ein Samurai-Schwert, mit dem er armdicke Äste abschnipste, als schlüge er nach Fliegen. Vorhand, Rückhand – er tippte sie bloß mit der Nase seiner Säge an (normalerweise die sicherste Methode, einen Rückschlag auszulösen). Die Kettenbremse von einer Säge abzumontieren erscheint mir selbst bei Profis so leichtsinnig, als würde ein Rennfahrer ohne Sicherheitsgurte fahren.

Habe gestern von Breitenstein für 120 Dollar Lärchenholz gekauft. Er hatte auf seinem Land mehrere große Lärchen gefällt, von denen einige über einen Meter Durchmesser hatten – Bäume, die bei den großen Bränden 1910 und 1931 Schaden genommen hatten und jetzt gestorben waren. Frisches Lärchenholz ist nicht so gut, es brennt nicht, aber wenn es trocken ist, strömt es eine unglaubliche Wärme aus.

Kiefern- und Tannenholz findet man reichlich. Ich verwende es häufig und beruhige damit ein wenig mein schlechtes Gewissen, weil die Holzfäller diese Haufen ohnehin abfackeln, wenn sie fertig sind. Dieses Holz geht so oder so in Flammen auf; immerhin kann ich dazu beitragen, dass es nicht verschwendet wird.

Aber die riesigen Lärchen, die schon 1910, als das Feuer ihnen die Rinde versengte, große Bäume waren, sind die wahren Juwele unserer Wälder.

Breitenstein hatte einige dieser toten Riesen gefällt (möglicherweise wären sie sonst kreuz und quer in seinen ordentlichen Wald gefallen), geschält, entastet und mit blauer Kreide markiert. Der größte Stamm maß allein sieben Ster. Er war der kürzeste, zugleich aber auch der massivste Stamm. Mit meiner schiefen Säge brachte ich gerade zwölf Schnitte zustande. Sechs oder sieben weitere Schnitte werden wohl noch nötig sein, um das Monstrum zu zerlegen. Anschließend habe ich es auf einen anderen, ähnlich dicken Stamm und zwei kleinere Bäume abgesehen – alles in allem achtzehn Ster bestes Lärchenholz.

Eines Tages werde ich von Breitenstein eine der größten Lärchen kaufen, die jemals hier im Wald gewachsen sind. Er hat schon eine ganze Menge gefällt, wie riesige Zuckerstangen liegen sie gut versteckt in seinem Wald, im Sommer von hüfthohen Farnen, im Winter vom Schnee verborgen. Kauft man einen Stamm, zieht er ihn auf den nächsten Waldweg und sägt die Äste ab, sodass man nur noch den Stamm zerkleinern muss.

Wie ich schon sagte, sind nicht mehr viele große Lärchen übrig. Der Europäischen Lärche (Larix decidua) ergeht es wie den Redwood-Bäumen. Ihre Größe wird ihnen zum Verhängnis. Alle wollen dieses Holz, denn es ist schwer und dicht und lässt sich doch ganz einfach spalten. Ein einziger geschickter Hieb mit dem Spalthammer auf einen der dünnen Säume, die als dunkler Streifen oder als winzige Ritze sichtbar sind – ein Riss, der mitten ins tote Herz der alten Bäume führt –, genügt, um sie aufzuknacken. Ehe der letzte verschwunden ist, werde ich einen dieser großen gefällten Bäume kaufen, ihn auf einem Anhänger nach Südtexas zur Farm meiner Eltern bringen und meinen Verwandten und später auch meinen Kindern zeigen, was echtes Brennholz ist, wie heiß es wird und wie lange es brennen kann. Wir werden die Kettensäge anschmeißen und jedes Jahr zu Weihnachten ein Stückchen abschneiden. Das Verbrennen der Weihnachtslärche wird in die Familiengeschichte eingehen – eine Erinnerung daran, was die Wälder früher waren: ein magisches, von Riesen bewohntes Land.

Bin ich ein Dieb, ein rücksichtsloser Plünderer, weil ich, mit Geld bewaffnet, in den verschneiten Wald eindringe und Breitenstein Leib und Seele eines solchen Baumes abkaufe? (Gewiss, die Bäume, die er verkauft, sind tot, aber sie sind dennoch großartig, und in dieser Größe wird es sie nie wieder geben.) Ich weiß es nicht. Ich weiß nur, dass er sie zum gleichen Preis an eine Firma drüben in Idaho verkauft, sie gern aber zuerst den Einwohnern des Tals anbietet. Die Leute in Idaho haben ihm gesagt, sie würden alle Stämme kaufen, die er für sie besorgen kann, nach oben sei da keine Grenze gesetzt; und dass er den ganzen Winter im Wald verbringt, Stämme fällt und herauszieht: Es ist sein Hobby. Vielleicht hat er keinen Glauben an die Unsterblichkeit. Die Bäume würden sowieso verrotten, würden schwammig und nutzlos (außer als Nährstoff, der in diesen Regenwäldern des Nordwestens allerdings reichlich vorhanden ist), wenn weder ich noch die Firma aus Idaho sich dafür interessieren würden.

Neben meinem Stamm liegt ein weiterer gestrauchelter Riese. »Don T.« hat Breitenstein mit Blau auf das Ende gekritzelt. Don Terline, der ein Stück weiter die Straße hinauf wohnt und vielleicht sogar noch mehr Holz für den jetzigen und alle zukünftigen Winter gehortet hat als ich, hat ihn gekauft und auf zwei große Steine gewuchtet. Es kann gut sein, dass er nicht vor dem nächsten Sommer dazu kommt, ihn zu zersägen, aber auch er wollte sich eine dicke Lärche sichern, solange es sie noch gibt.

Wenn keine Lärchen mehr da sind, kann es gut sein, dass die Leute im Tal wieder frieren. Sie werden in kleinere Häuser umziehen müssen, die sich mit Kiefern- und Tannenholz heizen lassen. Sie können – wie das Dirty Shame schon in diesem und der Laden im nächsten Jahr – auf Propangas umstellen, den Brennstoff des Wohlstands, bei dem man nur noch Geld gegen Wärme tauschen muss und nicht mehr den eigenen Schweiß.

Ich werde einige Lärchen für meine Kinder retten. Wenn nicht für jedermanns Kinder, dann wenigstens für meine. Und für das Kind meines besten Freundes Kirby, das im Mai zur Welt kommen wird. Vielleicht werde ich im Frühling mit einem zwanzig Meter langen Lärchenstamm auf dem Anhänger nach Houston fahren und ihn im Garten abladen, damit Kirbys Kinder damit aufwachsen, darauf balancieren, ihn mit Pfeilen beschießen und ihre Namen in die Rinde ritzen können. Tricia und Kirby haben mir eine Karte geschrieben und gefragt, ob ich Pate werden wollte, sie würden sich das sehr wünschen.

Ich weiß, was Unsterblichkeit ist. Ich beginne es zu verstehen.

Gestern Nachmittag, als ich nach Yaak fuhr, um Dick meine Säge zu bringen, sah ich Mary Breitenstein die Straße hinunterreiten. Sie saß auf ihrem großen kastanienbraunen Pferd und führte ein cremefarbenes, wild dreinblickendes Hengstfohlen mit schlammbeschmierten Beinen hinter sich her; offensichtlich war das Fohlen irgendwo durchs Eis gebrochen. Mary bestätigte meine Vermutung, als ich anhielt, um sie zu fragen. Kojoten hätten den Kleinen aufs Eis gejagt, und sie hätte ihn herausziehen müssen. Die vierundzwanzigjährige Mary sah erschöpfter aus als das Fohlen. Sie sagte, sie habe das Tier ständig in Bewegung halten müssen, damit es nicht erfror. Ich winkte und fuhr weiter. Die Heizung in meinen Truck lief auf vollen Touren, und ich fühlte mich rundum wohl.

Als Elizabeth und ich später nach Yaak fuhren, um uns das Footballspiel anzusehen, sahen wir im Licht unserer Scheinwerfer (die Sonne war schon vor zwei Stunden untergegangen) eine Frau auf der völlig verschneiten Straße von Eureka nach Yaak hinunterreiten. Sie saß auf einem dunklen Pferd und war dick eingemummelt. Kalter Atem umwölkte die Nüstern des großen Pferdes wie weißer Schaum; die Frau, die wir noch nie zuvor gesehen hatten, war unterwegs zum Laden, der erst um acht Uhr schloss. Schneeflocken segelten wie Federn vom schwarzen Himmel.

16. DEZEMBER

Nicht dass wir völlige Einsiedler wären, die meisten von uns wollen nur, wie Thoreau sagte, ihr eigenes Leben ebenso hinterfragen wie die Welt, in der wir leben – eine Welt, die hier oben weniger durch andere, sondern, man mag es glauben oder nicht, vor allem durch einen selbst bestimmt wird.

Alle paar Monate gibt es eine Dinner Party, und unweigerlich legt dabei jemand spät am Abend nach vielen Flaschen Wein das Lieblingslied des gesamten Tales auf den Plattenteller (falls der Generator läuft): »Night Rider's Lament« – und alle singen mit.

Nachts draußen bei den Pferden
Zur zweiten Nachtschicht, von Mitternacht
   bis Morgengrauen
Beleuchtete der Mond, hell wie eine Leselampe
Einen Brief von zu Hause, von meinem alten Freund
Und er fragte mich
Warum verdienst du dein Geld im Sattel
Warum schwingst du das Lasso für einen so miesen Lohn
So kommst du nie voran
Du verlierst den Anschluss
Mensch, Junge, du musst da draußen verrückt
   geworden sein.

Außer Breitenstein, der nie zu Dinner Partys geht, sind wir alle von irgendwo hierher gekommen. Wir alle kennen solche Briefe von Verwandten, sogar Freunden, in denen steht: Es ist da oben doch viel zu kalt… Aber jeder Mensch braucht doch ein Telefon ... Wie schafft ihr das bloß ohne Strom … Habt ihr keine Angst vor den Tieren … Da laufen doch jede Menge wilder Tiere rum … Ihr verliert den Anschluss … Es entgeht euch so viel…

Ähnlich treffend wie im Lied drückt es Jim Harrison aus: »Es ist schon seltsam, wenn man sich in die Wälder zurückzieht. Es dauert lange, bis man das Gefühl hat, richtig dorthin zu gehören, und dann gehört man nie wieder richtig in die Stadt.«

Ich entdecke hier oben Seiten an mir selbst, die ich längst kennen sollte, die mir aber trotzdem bisher verborgen geblieben waren. Wahrscheinlich spricht dies weniger für eine komplexe Persönlichkeit als für einen ziemlich einfach gestrickten Geist, aber das ist nun mal der einzige, den ich besitze, und hier draußen, fern von der Stadt, bin ich froh, dass ich ihn habe.

Früher hielt ich es für schlecht, eine echte Charakterschwäche, dass ich die Wildnis brauche, um glücklich zu sein. Jetzt beginnt mir klar zu werden, dass die Frage, ob das gut oder schlecht, eine Stärke oder eine Schwäche ist, völlig unbedeutend ist. Es beschreibt einfach nur, wie ich bin.

Auf dieser Seite der kontinentalen Wasserscheide fließt eben alles Wasser zum Pazifik hin.

18. DEZEMBER

Jedes Mal wenn ich im Laden Lebensmittel einkaufe, unterhält mich Victor, Dick McGarys Sohn, mit Geschichten über Verletzungen beim Holzmachen. Als er einmal an einem besonders kalten Tag draußen war und Holz spaltete, prallte der Spalthammer zurück und schlug ihm mehrere Zähne aus (hier oben hat niemand mehr ein vollständiges Gebiss). Manchmal trifft der Spalthammer auch die Stirn und verwandelt sich so in eine tödliche Waffe.

Viktor zeigt mir kleine Beulen an seinem Arm, wo Metallsplitter vom Spalthammer ihn getroffen haben und sich unter der Hand eingegraben haben (das passiert, wenn der Hammer abgenutzt ist, flacher wird und seine scharfe Kante verliert). Victor schiebt sie hin und her, denn unter seiner Haut sind sie frei beweglich, und beschreibt ausführlich, wie er zu welchem Splitter gekommen ist. Er holt einen Magneten vom Tresen, fährt damit über seinen Arm, und die Splitter steigen auf wie Goldfische im Aquarium, sammeln sich und folgen dem Magneten.

All das waren Unfälle, in Dicks Augen entschuldbare Missgeschicke. Für reine Dummheit – wenn sich jemand ins Bein sägt oder die Kette verkehrt herum aufspannt und sich anschließend darüber beschwert, dass sie nicht richtig sägt – hat Dick sehr viel weniger Verständnis. Tiefe, ausgefranste Oberschenkelschnitte sind die häufigste Verletzung beim Sägen. Manche Holzfäller tragen deshalb extra Kevlarhosen aus kugelsicherem Plastik, die aussehen wie Schlangenschutzstiefel, aber bis über die Schenkel reichen. Andere Holzfäller behaupten, die Hosen seien bei der Arbeit ebenso hinderlich wie die Kettenbremsen. Vor fallenden Ästen und Stämmen schnell weglaufen zu können, sei für sie lebensrettend, in den Kevlarhosen könnten sie sich einfach nicht schnell genug bewegen.

Dick unterbricht seinen Redeschwall, um mir eine weitere Folge grenzenloser Dummheit zu zeigen. Er kann sich kaum überwinden, darüber zu sprechen, so sehr beleidigt es seinen gesunden Menschenverstand. Er deutet bloß mit dem Kopf auf den Übeltäter und verzieht dabei angewidert das Gesicht.

In einer Ecke seines Ladens steht eine nicht angeschlossene Batterie neben dem großen Aufladegerät. Dick lässt mich die Kappe abnehmen, weil er den Anblick nicht noch einmal ertragen kann, und schon wird die Ursache klar: die Zellen mit dem destillierten Wasser sind eingefroren.

»Dieser Typ«, sagt Dick, und seine Stimme stockt vor Ungläubigkeit, »hat auf dem College studiert und will von mir wissen, warum seine Batterie nicht funktioniert, fragt mich, ob ich sie aufladen kann.« Dick ist so fassungslos, dass er sich eine Zigarette anstecken muss, was bei ihm, anders als bei den meisten Yaakern, äußerst selten vorkommt.

Ich schüttelte den Kopf und tue ebenso empört wie er. Dabei habe ich erst gestern aus Versehen ein Bein von meinem Overall abgesägt. Ich war mit einem Stamm fertig und wollte zum nächsten überwechseln, aber die Kette bewegte sich noch, obwohl ich den Schalter losgelassen hatte – so wie das Rad bei einem Fahrrad sich noch eine Weile weiterdreht, wenn man es hochhebt, läuft die Kette einer Säge noch ein wenig weiter, auch wenn man kein Gas mehr gibt. Jedenfalls spürte ich etwas an meinem Overall, und als ich hinuntersah, war der Stoff des rechten Beins schon bis zum halben Oberschenkel hochgezerrt. Die lange Unterhose, die ich darunter trug, war ebenfalls in Mitleidenschaft gezogen.

Ich sah vorsichtig nach, ob die Säge auch mein Bein erwischt hatte – wegen der Kälte und des Schocks war ich mir da nicht ganz sicher. Erstaunlicherweise war ich glücklichster aller Pilger unverletzt geblieben.

Ich sägte weiter und sagte mir immer wieder, was für ein Glück ich hatte.

Noch mehr Glück hatte an diesem Tag allerdings Elizabeth, als sie vor dem Kamin stand, um sich zu wärmen, und dabei Feuer fing.

Ich war nicht dabei, kam erst fünf Minuten später in meinem zerfetzten Overall vorgefahren und sah sie in nicht besonders warmer Kleidung draußen im Schnee stehen, als würde sie auf etwas warten. Sie musste aus dem Haus gehen, als es vorüber war, so einen großen Schrecken hat ihr die Sache eingejagt.

Sie hatte ein schweres Flanellnachthemd getragen. Offenbar war ein Funke durch den Maschendraht gesprungen (sie hatte das Glasfenster nicht ganz geschlossen). Homer und Ann hatten fröstelnd unter einer Decke auf dem Sessel gelegen. Elizabeth musste über Anns Gesichtsausdruck lachen, trat einen Schritt auf die Hunde zu (der Saum ihres Nachthemd hatte schon Feuer gefangen) und scherzte mit Ann, deren Gesicht angesichts ihres brennenden Frauchens, das da mit ausgestreckten Armen näher kam, immer ängstlicher wurde. In diesem Augenblick fiel Elizabeths Blick auf etwas Helles im Fenster, das sie zuerst für das Aufblendlicht eines Autos hielt. Erst dann wurde ihr klar, dass es der Widerschein der Flammen hinter ihr war. Sie drehte sich um und sah die inzwischen beängstigend angewachsenen Flammen, denen die Drehbewegung ungewollt neue Nahrung gab, sodass sie fast bis zu den Ellenbogen züngelten.

Elizabeth hatte die Flammen mit bloßen Händen ausgeschlagen, was die Blasen an ihren Handflächen deutlich bewiesen. Wenn ich mir das Nachthemd – oder besser das, was davon noch übrig geblieben ist – anschaue, kommt es mir unglaublich vor, dass sie dieses Feuer mit den Händen abtöten konnte. Sie sagte, als Erstes habe sie daran gedacht, nach draußen zu laufen und sich im Schnee zu wälzen, und ich wurde wütend, weil ihr ausgerechnet das Dümmste eingefallen war, was sie in dieser Situation hätte tun können (und das, nachdem ich mir selbst um Haaresbreite fast das Bein mit der Kettensäge aufgeschlitzt hatte). Sie hätte es niemals rechtzeitig durch die beiden Türen (die Zimmertür und die schwere Haustür mit dem bei kaltem Wetter verdammt schwer zu öffnenden Schließriegel) und die Stufen hinunter bis auf den Hof geschafft. Ebenso wenig hätte sie das Nachthemd mit dem engen Kragen ausziehen können. Sie hatte genau das Richtige getan, und zum Glück hat es ausgereicht.

Der Generator läuft noch immer nicht. Ich glaube, er braucht einen neuen Anlasser, bin mir aber nicht sicher. Auch die Propangaskühltruhe funktioniert nicht richtig. Und meine Kettensäge sägt weiter schief.

Verrückte Pilger wie wir haben bestenfalls mehr Glück als Verstand. Beginnt das Land, sich gegen uns aufzulehnen? Bemerkt es erst jetzt unsere Gegenwart, dieses Land, das nur wenige einlässt und von diesen wiederum nur wenige bei sich behält? Ich will Elizabeth sagen, dass wir langsamer vorgehen, wachsamer sein müssen. Allmählich fühlt sich dieser Ort schon wie ein Zuhause an, und es besteht die Gefahr der Selbstzufriedenheit, besonders im Winter.

Ich will ihr sagen, dass hier oben im Winter eben alles anders ist. Dass es keine Regeln gibt, dass alles passieren kann. Im Grunde kann man nichts als selbstverständlich voraussetzen. Woanders mag das gehen, aber nicht, wenn man neu ist, nicht in Yaak, niemals. Wenn man bei Schneegestöber in den Holzschuppen geht, muss man sich ein Seil um die Taille binden, damit man ins Haus zurückfindet und sich nicht vergeblich in immer größeren Kreisen dreht und dem verrückten, irreführenden, hoffnungslosen Kompass folgt, den wir alle in uns tragen.

Vor zwei Tagen ist ein Mann in Spokane in seinem Truck von der Straße einen eisigen Hügel hinunter in den Clark Fork River gerutscht. Er bewahrte Ruhe und versuchte nicht, die Tür zu öffnen, während er sank. Statt dessen ließ er den Truck ganz untergehen und kurbelte erst dann das Fenster herunter. Das kalte Wasser kam herein, er hielt den Kopf nahe der Decke und nahm einen tiefen Atemzug, kletterte durch das Fenster und schwamm zur Oberfläche. Es war Tag und er konnte froh sein, dass er wusste, wo oben und unten war. So schnell er konnte, schwamm er zum Ufer. Ein siebenundsechzigjähriger Mann. Er hat es geschafft.

Ganze Berge geben plötzlich nach, und die Leute sind draußen zur Jagd oder mit ihren Langlaufskiern unterwegs. Eine Lawine reißt ihre Opfer in den stillsten Tod, den man sich vorstellen kann – manchmal mit einem lauten Donnern, manchmal aber auch nur mit dem weichen, luftigen Flop absackender Schneeberge. Ganze Abhänge kommen ins Rutschen und begraben die Leichen unter Hunderten von Tonnen Schnee, manchmal bis zum nächsten Sommer, manchmal aber auch für immer. Schafft euch von allem zwei Exemplare an, sagt Holger immer, und Elizabeth und ich nehmen ihn beim Wort: zwei Trucks, zwei Äxte, zwei Funkgeräte, zwei Generatoren, doppelt so viel Lebensmittel, Ersatzbirnen, Ersatzhandschuhe, falls das eine Paar nass wird, Ersatzstiefel, Ersatzschneeketten, Ersatzbrennholz, Ersatzglück, falls das erste nicht hält.

Don T. hielt auf dem Weg zum Holzmachen heute Morgen bei uns an und nahm sich ein, zwei Stunden Zeit, um bei minus siebzehn Grad mit nackten Händen an meiner Säge herumzuhantieren, die Kette für mich zu schärfen und zu sehen, warum sie immer noch schief schnitt. Er verlieh der Kette einen höllisch scharfen Schliff, gab sich große Mühe und erklärte alles geduldig. Beim Schleifen machte er fast keine Geräusche, von der Reibung war nichts zu hören. Don T. hob den Kopf und sah in den fallenden Schnee hinauf. Dabei schien er dem Schleifvorgang eher zu lauschen, als ihn mit den Augen zu überwachen. Später erzählte mir Breitenstein, Don sei der beste Sägenschärfer in Yaak. Es sah so einfach aus, und es war mir so unangenehm, dass er so viel von seiner wertvollen Zeit mit meiner Säge verbrachte, dass ich anbot: »Lassen Sie mich mal versuchen, ich glaube, ich hab es kapiert.« Er grinste, und sein Gesicht legte sich in tausend Falten. »Nein, du hast es nicht kapiert«, lachte er, feilte weiter und sah erwartungsvoll hinauf in den herabfallenden Schnee.

Aber die Säge schnitt noch immer schief, ihre Bahn neigte sich nach links, sobald sie im Holz versunken war. Breitenstein, der nicht ertragen konnte, dass es in seinem Wald etwas gab, das nicht ganz und gar vollkommen war, untersuchte sie noch einmal. Gemeinsam kamen Don T. und er zu dem Schluss, dass meine Kette tatsächlich abgenutzt war. Vom vielen Schärfen war sie so schmal geworden, dass sie nicht mehr fest in der Führungsschiene saß. Also kaufte ich (für 24 Dollar) eine neue Kette und hoffe, das Problem ist damit gelöst. Falls nicht, muss ich (für 37 Dollar) auch noch eine neue Führungsschiene kaufen. Aber wie gesagt, nach Holgers Rat brauche ich sowieso eine Ersatzführungsschiene.

Breitenstein sah ungläubig zu, als ich wieder ans Sägen ging, mich gegen die Neigung stemmte, zog und zerrte wie ein alter Mann im Kampf mit einem Wal. Bei Don T. und Breitenstein gleiten die Sägen so leicht durchs dickste Holz wie Tortenheber durch Schlagsahne. Sie führen die Säge mit einer Hand, halten sie wie das Ruder eines schnittigen Segelboots. Breitenstein konnte mir nicht länger zusehen und schrie: »Das halt ich nicht aus!« Beide Hände gegen den Kopf gepresst, sprang er über abgesägte Äste und Stämme davon. Ich konnte mir gut vorstellen, wie er später sagte: »So etwas Furchtbares habe ich noch nie gesehen«, ich denke bloß: Das ist noch gar nichts, du hättest erst mal sehen sollen, wie meine Freundin in Flammen stand!

Vor ein paar Wochen las ich in der Sonntagsausgabe der New York Times einen Artikel über den Schriftsteller John Berger. Als er um die sechzig war, verließ er sein gemütliches Heim, um fortan bei Bauern in den französischen Alpen zu leben. Er sagte, die einzige Möglichkeit, sich den Respekt der Bauern zu verdienen, bestünde für Hinzugezogene darin, das Gleiche zu tun wie sie, bloß erbärmlich schlecht, und sie dann um Rat zu fragen, sodass sie zu Lehrenden und man selbst zum Lernenden wird.

John Berger hat allerdings Breitenstein nicht gekannt, und seitdem ich ihn schreiend durch den Wald davonlaufen sah, bin ich mir auch nicht sicher, ob ich das gewollt hätte. Jedenfalls kamen mir Zweifel, ob Bergers Rat, der mir beim Zeitunglesen so einleuchtend erschien, hier oben in Yaak wirklich anwendbar ist.

Mir fällt Dick McGary ein, der sich über die Dummheit eines Menschen, der seine Batterie einfrieren lässt, unheimlich aufregen kann. Vielleicht halten die Leute hier oben diesen Mangel an Wachsamkeit für ansteckend. Jedenfalls wissen sie, dass er fatale Folgen haben kann. Ich kann nur versuchen, noch genauer zuzuhören und hinzusehen. Und ich muss noch besser auf Elizabeth achten, auf Ann und Homer sowieso.

Nachts schlafe ich tief und fest. Ich bin abends ebenso müde wie morgens, aber auch stärker und gesünder als je zuvor. Ich habe genug Energie, um fast alles zu schaffen, was ich mir für den Tag vorgenommen habe, nur ein, zwei Punkte bleiben auf der Liste stehen.

Es wird genug Zeit sein für Reisen nach Vancouver, Wanderungen hinter dem Haus, Abfahrt- und Langlaufski, Bücher lesen vor dem Kamin – aber zuerst muss ich dafür sorgen, dass wir uns hier eingewöhnen. Wahrscheinlich habe ich es mir leichter vorgestellt.

19. DEZEMBER

Eine Kaltfront kam gestern von Alaska heruntergezogen, hat die Temperatur in weniger als einer Stunde von minus sechs auf minus sechsundzwanzig absacken lassen – Äste und Zweige brachen von den Bäumen, wurden vom Wind vorbeigetrieben – ein beißender, schneidend kalter Wind. Nach dem Einsetzen der Dunkelheit fiel die Temperatur weiter, unter dem funkelnd klaren Sternenhimmel purzelte sie auf minus achtunddreißig Grad, erst dann legte sich der Wind. Es wird so kalt bleiben – die Luft so reglos, wie es alle vorausgesagt haben –, minus vierzig Grad in der Nacht, tagsüber kann es sich dann bis minus fünfundzwanzig Grad erwärmen. In wenigen Tagen wollen wir abreisen und Verwandte in wärmeren Gefilden besuchen. Wir werden das Wasser abstellen, die Rohre leer laufen lassen, das Haus abschließen. Bis dahin schlafen wir vor dem Kamin, in dem jetzt rund um die Uhr das Feuer flackert, blättern mit Handschuhfingern ungeschickt in unseren Büchern.

Minus vierzig Grad. Wir haben ein wenig Angst. Sind der Kälte vollständig ausgeliefert. Hoffen auf ihre Gnade. Es kommt uns vor, als suchte diese brutale Kälte nach einem anderen Ort, als sei sie nur auf der Durchreise. Ich hoffe, dass sie das, was sie sucht, nicht hier bei uns findet. Ich wünsche mir, dass sie weiterzieht.

Wir verkriechen uns in unsere Schlafsäcke. Das Feuer lodert und knackt, scheint aber kaum noch Wärme zu verströmen. Wir können gar nicht dicht genug an die Flammen herankriechen. Aber das kann nicht lange andauern – drei, vier Tage, eine Woche vielleicht, das müssen wir uns immer wieder bewusst machen.

Die Autos stehen unter dichten Decken in den Garagen. Der Generator springt nicht an – ich bekomme die Ventile nicht auf, es ist zu kalt.

Wir lesen und schlafen. Es wird uns nicht mehr warm. Aber: Es ist nicht für immer.

4. JANUAR

In letzter Zeit war ich hauptsächlich mit Essen beschäftigt. Wenn ich mich setze, spüre ich am Bund meiner Hose eine kleine Speckrolle. Am liebsten würde ich in den heftig fallenden Schnee hinauslaufen und schreien. Wo ist der harte Holzfällerbursche geblieben?

Es gibt natürliche Hochs und Tiefs im Winter. Man isst mehr. Man schläft mehr. Da ist es ganz klar, dass man ein wenig Fett ansetzt, aber es gefällt mir nicht. Ich will in den Winter hinausziehen, seine Stille und Schönheit genießen, das Spiel nach meinen Regeln spielen, aber das ist schwer. Am Ende des Tages fühle ich mich unendlich matt. Sobald es dunkel wird, überfällt mich eine bleierne Müdigkeit, die mich ganz benommen macht. Ganz egal, ob ich draußen war und Holz gesägt habe und Langlaufski gefahren bin oder ob ich drinnen gesessen, geschrieben und Tee getrunken habe – ich bin in jedem Fall völlig erschöpft. Und allmählich lerne ich, es zu genießen, mich vor dem Feuer auszustrecken und mich dem Schlummer anzuvertrauen, in eine warme, weiche Bewusstlosigkeit zu versinken. Schließlich sind alle Aufgaben erledigt – fast jedenfalls. Ich lerne, mich diesem Tief hinzugeben, das notwendige Verschieben auf morgen zu akzeptieren. Ganz allmählich werden die Tage länger, wenn auch vorerst nur um ein paar Minuten, bald wird diese Trägheit überwunden sein, ich werde wieder Kraft spüren, meine städtische Betriebsamkeit aufnehmen und für drei arbeiten – aber diese kurzen, dunklen Tage sind zu viel für mich, mächtiger als die chemischen Regungen in meinem Hinterkopf, und außerdem habe ich lernen müssen, dass ich, wenn ich versuche, dagegen anzukämpfen, am nächsten Tag nur noch müder bin.

Heute Mittag ist Elizabeth zum Binokelspielen nach Yaak gefahren. Ich habe ihr Schneeketten aufgezogen und sie gebeten, mir über Funk Bescheid zu geben, wenn sie im Laden angekommen ist und wenn sie später wieder nach Hause fahren will. Es sind bloß sechs Meilen, aber die Straße ist bei Neuschnee kaum noch als solche zu erkennen. Ich selbst fuhr gestern zum Telefon, um einen wichtigen Anruf zu tätigen, als Becky mit leicht irrem Blick aus dem Laden kam, sich um eine der Säulen auf der Veranda schwang und sagte, nein, befahl, Elizabeth müsse unbedingt heute zum Spielen kommen, alle (zehn oder elf) Frauen aus dem Tal würden da sein, sie alle hätten den Winter-Blues (Sie hätten hören sollen, wie genüsslich sie das Wort in die Länge zog) und müssten unbedingt etwas dagegen tun. Ich sagte, Elizabeth würde bestimmt gerne kommen.

Ich fuhr heim, erzählte Elizabeth von der Einladung und bat sie, nicht allzu begeistert vom Winter, dem Schnee und der Stille zu schwärmen; dem örtlichen Damenclub würde es gewiss nicht gefallen, wenn sie damit so viel besser klarkäme als sie. Außerdem hatten wir gerade zwei Wochen Urlaub in Texas gemacht, dort Weihnachten und Neujahr verbracht und dabei die fünf kältesten Tage im Yaak Valley verpasst. Während die Temperaturen in die Tiefe sackten, fuhren wir gen Süden, genau einen Tag bevor die echte Kälte einsetzte waren wir auf und davon. Wer könnte behaupten, dass uns der Winter-Blues nicht auch gepackt hätte, wenn wir hier oben geblieben wären?

Trotzdem glaube ich nicht daran. All das liegt lange zurück. Es macht insgeheim Spaß zu sehen, wie die Stille und die Abgeschiedenheit letztlich alle in die Knie zwingen, selbst die Veteranen und die Männer, die häufig draußen sind. Beckys Mann Dick fragte uns doch tatsächlich, was wir vom Bowling hielten. Becky und er würden jeden Sonntag nach Libby fahren, wenn wir wollten, könnten wir gerne mitkommen. In den grünen, üppigen Sommermonaten und im aufregend bunten Herbst sind diese Leute ungefähr so gesellig wie ein Einsiedlerkrebs, aber die Biologie dreht fest an der großen Schraube, die sich auf unsere Köpfe senkt. Wie Marionetten tun wir, was die Schnüre uns befehlen, weil wir uns auf keinen Fall in ihnen verheddern wollen.

Der Schnee fällt schräg gegen die Gewächshausfenster. Große, dichte Flocken, ein echter Schneesturm.

Gerade fuhr Breitenstein, der große Kriegsherr, in seinem großen, roten Truck vorbei, ein Relikt aus den Fünfzigern, genau wie Breitenstein selbst. Ich glaube, er ist als Einziger immun gegen die Drehungen unseres Globus, Breitenstein lässt sich durch nichts irre machen. Er ahnt noch nicht, dass am Wegesrand eine Überraschung auf ihn wartet, ein echter Leckerbissen.

Als ich gestern Abend die letzte Holzladung des Tages abfahren wollte, ist mein Truck in Breitensteins Lärchengrund stecken geblieben. Es wird ihn freuen. Er wird sich in seiner Skepsis bestätigt fühlen. Und mit etwas Glück wird ihn das so reizen, dass er meinen Truck zurück auf den Waldweg zieht. Es sei denn, er würde versuchen, seine Genugtuung noch ein wenig auszukosten, auf Zeit zu spielen, ein paar Tage verstreichen zu lassen und darauf zu warten, dass ich zu ihm komme und ihn um Hilfe bitte. Er könnte auch einfach abwarten, um zu sehen, was ich mache, ob ich bis zum Tauwetter im Frühling durchhalte. Falls er tatsächlich diesen Fehler macht, meinen Truck dort stehen lässt und Katz und Maus mit mir spielen will, werde ich kurzerhand heute Abend hingehen, den Wagen aufbocken, ihn anketten und herausziehen und Breitenstein schmerzlich enttäuschen.

Aber es ist Winter, und im Tal herrscht Langeweile. Ich nehme an, Breitenstein wird meinen Truck an seinen großen Haken nehmen, ihn aus seinem eisigen Waldgrab ziehen und den Berg hinauf bis vor unsere Haustür schleppen – wenn auch nur aus dem Grund, jahrelang darüber frohlocken zu können (das Recht darauf hätte er sich wahrlich verdient). Warum musste ich rastloser Workaholic aus der Stadt auch nach Anbruch der Dunkelheit im Wald

Holz machen, wo ich den ganzen Tag über, morgen und alle restlichen Tage dafür Zeit gehabt hätte und mit etwas mehr Umsicht dabei sicherlich nicht im Wald stecken geblieben wäre?

Ehe mir gestern dieses Malheur passierte, war ich am späten Nachmittag gerade beim Sägen, als Breitenstein vorbeigefahren kam. Es war das erste Wiedersehen nach unserem Urlaub in Texas, und er wirkte irgendwie gereizt. Ich hatte die neue Kette aufgezogen, meine Säge schnitt wieder gerade, und ich hatte bereits einen großen Haufen Holz neben dem Truck aufgestapelt, kam gut voran. Zuerst dachte ich, er sei verärgert, weil er an meinem Vorgehen nichts auszusetzen hatte, fand aber schnell heraus, dass dies nicht der Fall war.

Als er mir die Stämme verkaufte, hatte er etwas von einem Stoß gemurmelt, den er aufrichten wolle. Ich hatte keine Ahnung, was er meinte, ließ ihn reden und lächelte freundlich. Dass ich lieber genickt hatte, als mein Nichtwissen einzugestehen, sollte sich als großer Fehler erweisen.

Denn gestern erfuhr ich, was ein Stoß ist (eine Ladung Baumstämme, die von einem Holzlaster abgeholt werden soll, ähnlich wie ein Stoß Karten) und wo er ihn aufzurichten gedachte (genau da, wo meine Stämme lagen, und das seit über drei Wochen). Er war wütend, und das nicht nur, weil ich mir so viel Zeit damit ließ, meine Lärchenstämme zu schneiden und wegzuschaffen. Tatsächlich hatte ich vorgehabt, mich den ganzen Winter damit zu vergnügen wie mit einem Hobby, es gab mir die Gelegenheit, draußen zu sein, zwei- bis dreimal pro Woche mit der Kettensäge eine Tankladung zu verjuxen, in Übung zu bleiben, im Wald zu sein. Ich hatte genug Holz für diesen Winter, hundertfünfundvierzig Ster, und eigentlich keinen Platz mehr für die Lärchen. Ausgerechnet Breitenstein, der sich täglich und bei jedem Wind und Wetter draußen im Wald zu schaffen machte, müsste dies doch eigentlich verstehen. Am meisten ärgerte ihn jedoch, dass ich nicht wusste, was ein Stoß war.

Ich versuchte, mich für mein Unwissen zu entschuldigen, es irgendwie abzumildern, aber er sagte bloß: »Du hast einfach keine Ahnung vom Wald«, und mit »Wald« meinte er das Holzmachen. Ich sagte: »Ich Trottel weiß nicht einmal, wie eine Kettensäge funktioniert«, und dass ich ihm zustimmte, anstatt ihm Widerworte zu geben, schien ihm ein wenig Wind aus den Segeln zu nehmen. Dann kam Elizabeth, die in der Nähe Langlaufski gefahren war, und es entspann sich ein Gespräch über das Skifahren, das Breitenstein zu meinem Erstaunen nie probiert hatte, obgleich er ständig mit seinen Schneeschuhen unterwegs war. Das löste bei ihm eine Tirade über die Leute aus, die mit ihren Motorschlitten auf der South Fork Road hin- und herrasten, obwohl es gesetzlich verboten war, eine für den Autoverkehr freigegebene Straße mit Motorschlitten zu befahren, und ich dachte, wie schwer es für ihn sein muss, mit anzusehen, was heutzutage im Tal alles falsch gemacht wird, weil er lange Zeit der Einzige war, der den ganzen Winter über hier oben ausharrte – die volle Garantie dafür, dass alles nach seinen Vorstellungen lief.

Jedenfalls will er, dass die Stämme innerhalb einer Woche verschwinden. Wie sich herausstellte, hätte er mit seinem Stoß ohnehin nicht vor nächster Woche angefangen. Der größte Teil seines Ärgers rührte daher, dass er seit drei Wochen innerlich kochte, weil er dachte, ich würde die Stämme den ganzen Winter über dort liegen lassen (was ich ja auch tatsächlich vorhatte). Ich sagte ihm, er hätte doch auch sofort zu mir kommen und mir sagen können, dass ich die Stämme wegschaffen sollte, anstatt abzuwarten und immer wütender zu werden, aber diesen Gedankengang konnte er nicht nachvollziehen, und ich kann ihm deshalb keinen Vorwurf machen.

In dieser Gegend bittet man nicht. Man fragt niemanden, wie

spät es ist, ob er einem beim Hausbau helfen oder ein Seil borgen könnte, weil man mit dem Wagen stecken geblieben ist. Das soll nicht heißen, dass diese Hilfen nicht angeboten werden, aber das gesprochene Wort als Grundlage der Kommunikation hat sich hier oben noch nicht eingebürgert, die Entfernungen sind zu groß, es gibt zu wenige Menschen, und ich hoffe, es wird immer so bleiben. Taten, nicht Worte sind hier wesentlich.

Es funktioniert ganz einfach. Wenn dir jemand sagen will, wie spät es ist, wenn jemand deinen stecken gebliebenen Wagen herausziehen will, dann tut er es. Und wenn er es nicht tut, dann deshalb, weil er es nicht tun will, weshalb es auch keinen Zweck hat, ihn darum zu bitten. Es ist ein Land der Stummen, aber auch ein Land der Anpacker, nicht der Schwätzer.

Und ein Land der Widersprüche. Ein durchziehender Prahlhans kann sich an den Leuten hier eine goldene Nase verdienen, kann ihnen, wenn er es darauf anlegt, jeden noch so großen Schwindel verkaufen. Neulich in der Bar fingen plötzlich alle von Jesse Jackson zu schwärmen an, was für ein toller Redner er sei und dass sie alle für ihn stimmen wollten – nicht weil ihn irgendwelche Qualifikationen oder besonderen Erfahrungen für das Präsidentenamt empfehlen würden, sondern weil er ein so großer Kommunikator, ein so guter Redner war.

Ich wollte sagen, dass wir damit doch letztes Mal schon reingefallen seien. Aber ich ließ es bleiben, nippte an meinem Bier und sah mich um. Es war warm. Jim und Tammy Bakker könnten ins Weiße Haus einziehen, und es würde hier keinen Unterschied machen. Im Dirty Shame, im Yaak Valley, im Winter könnten sie mir nichts anhaben. Ich bin in Sicherheit.

10. JANUAR

Man merkt, dass die Tage wieder länger werden, dass man in weniger als einem Monat allein am Abend eine halbe Stunde Helligkeit dazugewonnen hat. Und sofort regt sich der Geist wieder, fängt das Tagträumen an und denkt an eine andere Jahreszeit.

11. JANUAR

Der Holzvorrat schrumpft. Die Tage werden länger, heller, die Sonne scheint durch die Ritzen in den Schuppen, wirft Tigerstreifen an die leeren Wände. Kalte Luft streicht über die Stellen, wo das meiste Holz schon weg ist. Im Sommer wird dies ein kühler Ort sein – ein Ort, den ich dann wahrscheinlich gar nicht mehr aufsuchen werde.

Artie steht hinter der Bar und trocknet Gläser. Ich frage ihn, was das Kälteste war, das er je erlebt hat, hoffe auf irgendeine heroische Geschichte – wie er im Schneesturm mit gebrochenem Bein den Mount Henry herunterkroch oder mit dem Motorschlitten ins Eis einbrach – aber er sieht mich bloß ärgerlich an.

»Scheiße, Mann«, sagt er und schaut zum Fenster hinaus auf den Fluss, »ob zehn oder vierzig Grad minus, das ist doch alles das Gleiche.« Er denkt, ich wollte über Mathematik, Temperaturen, Gradzahlen sprechen. »Kalt ist kalt«, schließt er und klingt dabei, als wäre er enttäuscht von mir.

Er schaut weiter zum Fluss, der im hellem Sonnenschein glitzert. Es ist wie beim Schmerz, denke ich: Man vergisst ihn rasch, fast sofort. Man versucht sich zu erinnern, aber das Gefühl ist nicht mehr abrufbar. In der Sonne kann es jetzt schon richtig warm werden. Kurzärmelig warm. Wenn man sich konzentriert, kann man die Sonne fast auf der Haut spüren.

Es gibt einen Punkt, an dem man mit dem Winter die Geduld verlieren kann – an dem Versuchung die eigene Seele heimsucht, sich einschleicht wie die kalte Luft, die durch die Ritzen der Blockhäuser dringt. Das geschieht so ungefähr um den sechzehnten Januar. Bald ist Februar, denkt man, und danach kommt März. Von ein paar Schneestürmchen abgesehen wird es das wohl gewesen sein. Ehe man sich versieht, ist es April, und der Winter ist vorbei.

Man vergisst, dass der März oft der schlimmste Monat ist. Anfang Februar ist es am kältesten, und es gibt am meisten Schnee, aber der März, der seltsame, nichts sagende März, hält oft noch die schwierigste Geduldsprobe bereit.

Die Gefahr, sich den Gedanken an den Frühling – an grünes Gras, Wanderungen, nackte Füße, Seen, Angeln, Flüsse und vor allem an die Sonne, richtig heiße Sonne – hinzugeben, ist groß. Und das Schlimme ist: Sind sie erst einmal da, lassen sie sich nur schwer wieder vertreiben.

Liebe den Winter. Verrate ihn nicht. Bleib ihm treu.

Liebe den Frühling, wenn er da ist. Und genauso halte es mit dem Sommer.

Aber wende dich nicht vom Winter ab, ehe er vorbei ist, halte bis zuletzt durch. Sonst bist du ganz schnell verloren. Du sehnst dich nach einem Frühling, der noch in weiter Ferne ist, und wegen deiner Untreue lässt dich der Winter sitzen, er verschmäht dich, lässt dich allein. Du bekommst einen gehörigen Budenkoller.

Je kälter er wird, desto inniger musst du den Winter lieben.

Ich denke an all die Paare hier oben: Mike und Julie, Bear und Lisa, Della und Fraecke, Robin und Jimmy, Dave und Suzie, Tom und Nancy, Dick und Rena, Dick und Becky. Sie alle sind zum zweiten oder dritten Mal verheiratet (Elizabeth und ich sind die Einzigen, die noch nie verheiratet waren), aber keiner von ihnen hat sich scheiden lassen, nachdem er einmal hier oben war. Dabei sind das alles keine übermenschlichen Leute mit übermenschlichen Beziehungen – im Gegenteil, die vorherige hundertprozentige Scheidungsrate spricht für ihre Wildheit, ihre Angst vor Zäunen, Grenzen und Kontrollen. Dennoch hat sich niemand, den ich kenne, seit seinem Umzug nach Yaak jemals scheiden lassen.

Paare, die sich scheiden ließen, als klar wurde, dass einer der beiden nach Yaak ziehen wollte, hat es allerdings bestimmt gegeben.

Lerne, den Winter, die Kälte zu lieben. Wenn du diese Gegend, diese Landschaft wirklich liebst, kann es durchaus sein, dass sie dir im Winter sogar am liebenswertesten erscheint.

12. JANUAR

Nancy Orr – Toms Frau, die auch die Traumfänger macht – gerbt Felle und näht daraus Westen und Mokassins. Ihr Nähtisch steht neben dem Fenster, das auf den Yaak River hinunterschaut. Auf dem Holzofen in ihrer Hütte brodelt immer ein Topf mit Chili, die Wände sind mit Fellen und Geweihen geschmückt. Nancy ist eine Säule der Beständigkeit in Yaak, die Weise des Tals, auf die man sich immer verlassen kann.

Einmal brachen Elizabeth und ich zu einer Reise auf – ich weiß nicht mehr wohin, jedenfalls wollten wir drei oder vier Tage fortbleiben. Als wir nach Libby hinunterfuhren – keine leichte Aufgabe bei dem Sturm, in den wir hineingerieten –, konnten wir uns nicht mehr erinnern, ob wir vor der Abfahrt den Generator abgestellt hatten oder nicht. Er war kurz davor noch gelaufen, denn ich hatte getippt und Elizabeth gebügelt, und je länger wir darüber nachdachten, desto wahrscheinlicher erschien es uns, dass wir ihn nicht wieder ausgestellt hatten.

Nach Hause und wieder zurück bis Libby zu fahren, hätte uns vier Stunden gekostet, und wir wären genauso weit gewesen wie jetzt.

»Lass uns Nancy anrufen«, sagte Elizabeth nach kurzem Nachdenken. Ich zögerte, denn Nancy und Tom wohnen in Yaak in der Nähe des Ladens und des öffentlichen Fernsprechers, weshalb sie auch als eine der wenigen ein eigenes Telefon haben. Ich zögerte auch, weil es mir schwer fällt, jemanden um einen Gefallen zu bitten, egal ob auf dem Land oder in der Stadt. Nicht aus Angst, abgewiesen zu werden. Ich hasse es zuzugeben, dass ich Mist gebaut habe, und weil wir in Yaak noch neu waren, fiel es mir doppelt schwer. Aber dann dachte ich an vier vertane Stunden, in denen wir uns mühsam durch den Schnee hätten vorwärts tasten müssen, nickte und sagte okay. Wunderbarerweise war Nancy zu Hause, als Elizabeth anrief, und die beiden hatten sofort einen Plan. Nancy würde hinfahren und nachschauen, und Elizabeth würde in einer halben Stunde wieder anrufen, um zu fragen, ob der Generator nun noch an war oder nicht.

Wir warteten in Libby bei Kaffee und Kuchen.

»Sie hat mir etwas Witziges erzählt«, sagte Elizabeth. »Sie sagte, ich sei in diesem Jahr schon die Dritte, die anrief und bat, nach dem Generator zu schauen.«

Ich lächelte. Ich war nicht der einzige Dumme, aber mein schlechtes Gewissen regte sich umso heftiger. Außer dem Laden und dem Saloon gibt es nur noch einige andere Häuser in Yaak, die wegen ihrer Nähe zu den öffentlichen Fernsprechern ein eigenes Telefon haben. Es tat mir Leid, dass es ausgerechnet immer Nancy traf. Aber wer so verantwortungsvoll und zuverlässig ist, hat es wohl nicht anders verdient.

Nancy und Tom machen Hemdknöpfe aus Hirsch- und Elchknochen. Tom jagt mit einem selbst gemachten Bogen und selbst geschnitzten Pfeilen aus Zedernholz. Jedes Jahr schießt er einen großen Bock. Einmal im Herbst sah ich Tom, den früheren Champion im Zureiten wilder Pferde, in seinen von Nancy genähten Mokassins den Waldweg hinuntergehen, seine selbst geschnitzte

Pfeife rauchend, einen Falken auf dem Arm. Neben ihm lief Nuthin, sein deutscher Kurzhaarpointer, und schnüffelte nach Waldhühnern – der Hund spürt die Vögel auf, dachte ich, und der Falke fängt sie dann. Ich fuhr vorbei, winkte und sah zu, wie Tom Pfeife rauchend in ein anderes Jahrhundert schritt – ob in ein vergangenes oder ein zukünftiges, vermochte ich nicht zu sagen, doch bin ich froh, dass er hier, in diesem Tal, zu Hause ist.

Als wir wieder bei Nancy anriefen – sie war gerade nach Hause zurückgekommen und noch ganz außer Atem –, berichtete sie, der Generator wäre ausgestellt gewesen.

»Es schneit hier«, sagte Elizabeth.

»Hier schneit es auch«, erwiderte Nancy.

Im Winter kann die Welt so sicher und berechenbar sein. Ich hatte Heimweh nach Yaak, dabei hatten wir es gerade erst verlassen.

13. JANUAR

Wenn man direkt auf den Schnee sieht, durch ihn hindurch zum Wald auf der anderen Seite der Wiese zu schauen versucht, scheint er furchtbar schnell vom Himmel herabzustürzen; wenn man das eigene Leben genauso betrachtet, kann es ebenso hektisch und ruhelos erscheinen. Erinnert man sich jedoch daran, den Schnee wie ein Kind oder ein Texaner zu bestaunen, schaut man zu ihm auf und versucht, seinen Ursprung zu ergründen, schaffen die Langsamkeit, mit der er herniederschwebt, und die lähmende Wirkung, die er auf die gesamte Umgebung ausübt, sofort ein viel gemächlicheres Tempo – ein Tempo, das einem das Gefühl gibt, doppelt so lange zu leben, doppelt so viele Dinge zu sehen und am Ende doppelt so glücklich zu sein. Schnee ist noch wunderbarer als Regen, wunderbarer als alles andere.

Raben fliegen krächzend durch den fallenden Schnee. Er hat sie überrascht, denke ich, er setzt hier oben so unvermittelt ein – in der einen Sekunde glänzt der Himmel noch ganz metallen und in der nächsten leert er auch schon den ganzen Schnee aus seinen grauen Kammern. Das berührt ganz neue Bereiche in meinem Gehirn, so etwas habe ich vorher weder gesehen noch mir überhaupt vorstellen können: ein durch heftiges Schneegestöber fliegender Rabe; kohlschwarze Flügel, die sich gegen das Weiß anstemmen, gegen eine Welt, die versucht, sie niederzudrücken, sie unter sich zu begraben. Aber die Kraft der Flügel, die Geschwindigkeit, die sie erreichen, trotzt selbst dem dichtesten Schnee, der Rabe entkommt dem weißen Wirbel und hält auf den dunklen Wald und dessen rettende Sicherheit zu. Einige schöne Augenblicke lang ist in meinen Gedanken nichts als Rabe und Schnee, Schwarz und Weiß. Niemals war mein Kopf klarer, niemals leerer.

Eines ist seltsam, und ich kann es mir nicht erklären. Wenn es nicht schneit und ich im Wald spazieren gehe, empfinde ich mich als das, was ich auch bin – ein Mensch allein zwischen den Bäumen. Aber wenn Schnee fällt – wenn es dicht schneit und diese sonderbare Unterwasserstille herrscht, wenn es sich anfühlt, als setzten sich die weichen Flocken wie Watte in die Ohren –, fühle ich mich wie ein Tier.

Ich habe Flocken gesehen, die so groß waren wie meine Faust, dazu monströse, nasse, verklebte Flocken, die so riesig waren wie zusammengeknäulte Zeitungsseiten – inmitten von Myriaden anderer, kleinerer Flocken sackten sie vom Himmel herab, taumelten wie abstürzende Flugzeuge, landeten lautlos auf dem Boden. Ich beschreibe den Beginn eines Schneesturms, der sich gerade vor den Gewächshausfenstern zusammenbraut, über mir und der Ranch, dem Haus und Elizabeth, weniger als hundert Meter entfernt.

Durch das heftige Schneegestöber kann ich von dem Haus, das

alles birgt, was mein Leben ist, gerade noch den Umriss erkennen. Er wird immer schwächer.

Setze nie irgendetwas als selbstverständlich voraus.

14. JANUAR

Manchmal sieht man über lange Strecken überhaupt kein Wild, nicht einmal Hirsche, von Elchen oder Wapitis, Kojoten oder Pumas ganz zu schweigen. (Die Bären halten Winterschlaf und wachen um diese Jahreszeit nur einmal auf, um ihre erbsengroßen Jungen zu gebären, die sie dann im Schlaf weitersäugen.) Es ist ein unheimliches Gefühl – wo sind all die Tiere hin? Im verschneiten Wald sieht man nicht einmal ihre Spuren, von den wirren Zickzack-Spuren der allgegenwärtigen Hasen einmal abgesehen. Dann plötzlich hat man wieder Glück: Man sieht Elchkühe, manchmal auch mit ihren Kälbern, oder verwirrte, schlaksige Kälber allein auf ihrem ersten großen Waldausflug; große Herden von Hirschen, die am Waldrand stehen; und Wapiti-Hirsche unter den Bäumen hinter dem Haus, der tiefe Schnee hat sie von den Bergen hinuntergetrieben. Die Hunde knurren sie an, und mit einem letzten wehmütigen Blick, mit dem sie die Lichter des Hauses betrachten, als wären sie einsam, trotten die Hirsche fort wie Pferde, ihre Hufe tasten sich über Steine und Holzstämme, und langsam zieht die Herde weiter.

Julie, Elizabeths beste Freundin, mit der sie malt und Binokel spielt und im Frühling gärtnern will, erzählte uns gestern Abend, dass sie und ihr Mann Mike ein Kind erwarten. Wir waren im Saloon, als sie es uns sagte, und die Nachricht löste ein ähnlich unheimliches Gefühl aus wie die krächzend durch den Schnee fliegenden Raben. Wir gratulierten. Wir wussten, dass sie sich schon lange ein Kind gewünscht hatten, und doch kam es für uns überraschend.

Im August kommt es, sagte Julie, in dem Monat, in dem die Frauen im Tal zum Heidelbeerpflücken in die Wälder ziehen.

Den Rest des Abends waren Elizabeth und ich schweigsam, niedergedrückt von einer neuen, schrecklichen Traurigkeit. Wir fühlten uns so wenig zugehörig. Wir setzten ein mattes Lächeln auf und trieben mühsam Konversation. Die Menschen um uns herum waren alle so furchtbar fröhlich, machten viel zu viel Lärm und Licht.

Veränderungen machen uns immer zu schaffen. Wir freuen uns für Mike und Julie. Aber wir vier waren uns so nahe. Es ist pure, kindische Eifersucht, denke ich – obgleich ich weiß, dass keine echte Eifersucht dahintersteckt, nur kindische Traurigkeit. Oder erwachsene Traurigkeit. Oder sonst irgendein verdammtes Gefühl. Wir waren traurig ohne zu wissen, warum – und wissen es noch immer nicht.

Vielleicht, weil wir alle vier, Mike und Julie, Elizabeth und ich, hierher gekommen waren, um uns zu verstecken, zu verkriechen und gegen den Rest der Welt eine Festung zu errichten? Weil Mike und Julie jetzt ganz plötzlich an einem einzigen Abend mit einem einzigen Satz – »Wir erwarten ein Kind« – zur anderen Seite übergelaufen waren? Weil sie notgedrungen mit dem Rest der Welt wieder Frieden geschlossen haben?

Julie sagte, an dem Abend, als sie Mike von der Schwangerschaft erzählte, hätten sie Händchen haltend im Bett gelegen, als ein Elch bis zu ihrem Schlafzimmerfenster gekommen sei, seine Nase an die Scheibe gelegt und mit seinem Atem beschlagen habe. Erst hätten sie vor Schreck geschrien und ihn mit der Taschenlampe angeleuchtet, dann hätten sie nur noch gelacht.

Es sah aus, als wäre er schon gekommen, um sich das Baby anzuschauen, sagte Julie.

Ich versuche so zu tun, als vergingen die Tage langsam, und manchmal schleichen sie tatsächlich so zögerlich dahin, wie wir uns das so sehnlichst wünschen.

Heute läuft ein Footballspiel im Dirty Shame, ein Playoffspiel. Wir wollen hinfahren und uns bei einem kühlen Bier zumindest die zweite Halbzeit ansehen.

15. JANUAR

Der Geburtstag meiner Mutter. Es schneit heftig. Bin zum Fernsprecher gefahren, um ihr zu gratulieren, aber sie und mein Vater waren zum Essen ausgegangen. Als ich vorsichtig durch den fallenden Schnee zurück zur Ranch fuhr, dachte ich daran, wann ich sie das letzte Mal gesehen hatte (Weihnachten) und wann ich sie wohl das nächste Mal sehen würde.

Endlich habe ich auch meinen Truck aus dem Lärchengrund gezogen. Breitenstein hatte keine Chance, ihn zu entdecken: Zu der zweiten Einfahrt, die die ich benutzt hatte, führten keine Spuren. Offenbar nimmt er immer die erste Einfahrt, hat also von meinen Malheur gar nichts geahnt. Der letzte Rest meiner Ehre ist also vorerst gerettet, mein Ruf noch nicht völlig ruiniert.

Elizabeth sagte, beim Binokelabend sei es nett gewesen, die Frauen hätten bloß furchtbar viel geraucht. Wir hatten beide mit jeder Menge Tratsch gerechnet, ich hatte Elizabeth eingeschärft, sich alles genau zu merken, wurde aber enttäuscht. Sie sagte, die meiste Zeit hätten sie Binokel gespielt, und alle hätten das Spiel verdammt ernst genommen.

16. JANUAR

Mitten im Januar hat sich ein Tauwetter zu uns verirrt. Der Regen ist das Schlimmste; kein richtiger Regen, sondern feiner Nebel, der fast wie Schnee aussieht, manchmal sogar kleine Flocken bildet. In unseren Herzen wissen wir, er ist dem Regen so nahe, dass sein Aussehen keine Rolle spielt, denn wenn er auf die Straße oder auf unsere Arme fällt, schmilzt er, hinterlässt reines Wasser, das sich später in Eis verwandelt. Es ist ein langsam sich herabsenkender Regen, der im Spätherbst vom flackernden Kamin aus mit einem aufgeschlagenen Buch auf dem Schoß richtig schön wirken könnte, aber die wenigen Leute, die in diesem Jahr in Yaak überwintern, sind schon ganz irre, sie wollen unbedingt raus, selbst ein Schneesturm wäre ihnen lieber als dieses hässliche Tauwetter.

Fuhr gestern Abend zum Fernsprecher, um ein paar geschäftliche Anrufe zu tätigen. Dick trank Bier und aß geräucherten Lachs und Stör. Er gab mir faustgroße Stücke von dem Fisch ab und schwärmte von seinem Wohlgeschmack, besonders zu kühlem Bier. Der Fisch war trocken und sehr salzig – das Bier war wirklich nötig. Eigentlich war ich nur gekommen, um ein neues Notizbuch und einen Becher Jogurt zu kaufen, aber Dick ließ mich nicht mehr aus seinen Krallen, erzählte von diesem und von jenem, bot mir abwechselnd Fisch, Bier und seine Lebensweisheiten an. Auch wenn ich die Situation vielleicht ausgenutzt habe und er sich heute womöglich nicht mehr daran erinnern kann, habe ich ihm das Versprechen abgeluchst, mich zum Eisfischen mitzunehmen und mir die beste Stelle dafür am Yaak River zu zeigen. Außerdem entlockte ich ihm den Namen seines Lieblingssees in den Bergen, Hoskins Lake. Er erzählte mir, wie schön es dort im Winter sei, am allerschönsten aber im Herbst.

Dann kam Dicks Sohn Victor, den ich seit einem Monat nicht mehr gesehen hatte, in den Laden. Er versah seine üblichen Aufgaben, trug den Müll raus, fegte Schnee und Eis von den Zapfsäulen und drückte die leeren Getränkedosen platt. Die Blechdosen scheinen es ihm angetan zu haben. Je nach Lust und Laune verwendet er unterschiedliche Methoden. Manchmal fährt er kreuz und quer mit den großen Traktorreifen darüber. Ist er milder gestimmt, zerdrückt er sie mit einem Stück Holz, in das er zwei große Nägel geschlagen hat, damit er es wie einen Pressluftthammer anfassen und eine Dose nach der anderen damit zerdrücken kann. Platt gestampft wie Waffeln liegen die goldenen, grünen und roten Dosen glitzernd in der Sonne. Für jede Dose bekommt er einen Penny. Vielleicht wird es irgendwann einmal für seine Reise nach Hawaii reichen.

Ich sah Victor eine Weile zu. Offenbar freute er sich, mich zu sehen. Er klopfte mir auf die Schulter und fragte mich, wie es mir ginge, als wäre ich einer seiner Kumpel aus der Schule, sodass ich mich mit einem Schlag um Jahre jünger fühlte. Er trug ein neues schwarz-rot-kariertes Holzfällerhemd, und da ich glaubte, mich revanchieren zu müssen, machte ich ihm ein Kompliment. Dann half ich ihm ein bisschen bei den Dosen. Während wir uns unterhielten, zertrat ich sie mit meinen Stiefeln und kickte sie wie Fußbälle auf den großen, ständig wachsenden Dosenberg.

Victor hat letztes Jahr Abfahrtskilauf gelernt und wollte am dreiundzwanzigsten zum Mount Schweitzer nördlich von Bonners Ferry fahren, freute sich schon auf seinen Skiurlaub. Mir erschien es paradox, dass er, der hier, im Mutterland des Schnees, aufgewachsen war, erst als Jugendlicher Skifahren gelernt hatte. Ich kannte Leute aus dem Süden, die 5000 Dollar für eine Pilgerfahrt ausgaben, ihren ganzen Urlaub und all ihre Ersparnisse einsetzten, um hierher zu kommen und eine Weile im Schnee herumzutollen. Ich hatte mir immer vorgestellt, dass die Glücklichen, die diese teure Anreise nicht hatten, morgens aufwachten und spontan beschlossen, auf den nächsten Berg zu steigen und mit ihren Skiern wieder hinunterzuwedeln, so wie Stadtbewohner aus der Laune eines Augenblicks heraus im Park joggen gehen.

Schon im Fitnessstudio in Libby war mir etwas Ähnliches aufgefallen. Die jungen Männer im Umkleideraum schwärmten von einem in zwei, drei Wochen bevorstehenden Skiausflug wie eine Clique aufgeregter Schülerinnen vom Abschlussball. Als mein Freund Kirby und ich noch zur Schule gingen, wurden wir von der gleichen Unruhe gepackt, nur mit dem Unterschied, dass wir nicht genug Disziplin aufbrachten, um tatsächlich noch drei Wochen zu warten: Wir mussten unbedingt sofort etwas unternehmen. Also warfen wir unser Geld zusammen, fuhren nach Houston zum Flughafen und nahmen für 59 Dollar hin und zurück den 10 Uhr Flug nach New Orleans. Als wir dort angekommen waren, aßen wir French Doughnuts, bummelten durchs French Quarter, lauschten der Straßenmusik, spielten Billard, machten dem Fluss unsere Aufwartung, fuhren kreuz und quer mit der Straßenbahn durch die Stadt, flogen vor Anbruch der Dämmerung um vier Uhr morgens wieder nach Houston zurück und schliefen anschließend bis neun oder zehn. Wir waren nicht viel klüger, aber auch nicht viel ärmer geworden, und die Unruhe und das ungesunde Gefühl des Eingesperrtseins waren für eine Weile gebannt.

Aber das Beste, was Victor mir gestern Abend erzählte, war, dass man bei minus vierzig Grad vor dem Autokühler ein Stück Pappe anbringen soll, damit die Wärme drinnen und die kalte Luft draußen bleibt. Er fährt mit seinem Truck achtzehn Meilen auf der Yaak River Road, um zum Schulbus zu kommen. Ich sagte, es müsse doch schrecklich sein, bei minus vierzig Grad auf den Bus zu warten, aber er erwiderte, nein, der Bus sei meistens schon vor ihm da.

Ich stelle mir vor, wie der Busfahrer eine Stunde in seinem Bus sitzt und wartet, der Wind rüttelt am Bus, und der Fahrer liest geduldig in einem Taschenbuch, bis die Schüler aus Yaak – und zwar alle fünf – endlich eingetrudelt sind. Er lässt die Heizung laufen, isst vielleicht einen Apfel, schaut ohne jede Eile den wirbelnden Schneeflocken vor seinem Fenster zu.

Es ist ein langsames Land. Ein Land aus längst vergangener Zeit. Wie viel leichter ist es doch, manches zu lernen, wenn man zusehen kann, wie es im Zeitlupentempo geschieht.

17. JANUAR

Ein heiterer, blauer Tag, frischer Schnee auf den Bäumen, hoch auf den Bergen, der Wald weiß überzogen. Kristalle glitzern in der Luft. Ich glaube den alten Geschichten von Jim Bridger, der damals als einer der ersten im Yellowstone-Land überwinterte. Als er wieder zurück in den Osten kam, berichtete er den ungläubigen Stadtbewohnern, dass den Trappern in harten Wintern die Wörter gefroren; dass sie einander nicht hören konnten, weil die Wörter in dem Moment, in dem sie den Mund verließen, zu Eis erstarrten – und dass sie abends die gefrorenen Wörter einsammeln und ans Lagerfeuer tragen mussten, um sie wieder aufzutauen und sich anzuhören, was während des Tages gesagt worden war. Ich kann mir gut vorstellen, dass es tatsächlich so kalt werden kann.

An solchen blauen, sonnigen Tagen schweben geheimnisvolle Eisflocken in der kalten Luft; kein Schnee, keine einzige Wolke am Himmel, nur diese kleinen Tupfer aus gefrorener Feuchtigkeit, winzige Eiskristalle, die im hellen Licht glitzern und funkeln. Breitenstein hat mir erzählt, wenn es richtig kalt wäre, käme es vor, dass diese winzigen Kristalle im Wind aufeinander treffen und dabei leise klirren, wie zarte Glockenspiele, wie klingendes Glas, magische Musik.

Ich kann mir vorstellen, dass es im Wald so kalt werden kann, dass einem beim Sprechen die Wörter gefrieren, dass man beim Ausströmen des Atems nur noch feines Klirren vernimmt. Ich kann mir vorstellen, dass es im Wald so einsam wird und man so lange stumm sein kann, dass man denkt, man würde sprechen, wie manchmal im Traum, in Wirklichkeit aber nicht mehr herauskommt als eisiges Klirren, eine andere Sprache, eine Sprache des Winters, der Entschlossenheit, der Reinheit, die nur gefrorene Wörter kennt.

Bridgers Geschichten galten alle als erfunden, aber die fiktivsten sind oft die wahrsten. Niemand glaubte ihm, als er erzählte, er habe mit eigenen Augen gesehen, wie die Hölle sich öffnete und heißer Dampf durch große Löcher im Boden strömte. Auch heißes Wasser sei aus der Erde gequollen, und er habe mitten im Winter an dem einzigen Ort, der vor den Indianern sicher war, weil sie davor Angst hatten, erquickende Dampfbäder genommen, sich mitten in der Wildnis im heißen Wasser zurückgelehnt, nackt trotz großer Kälte, in der Wärme des Wassers geborgen. Auch diese Geschichten waren wahr.

Neulich abends sah ich einen Elch über die Wiese kommen und ein Stück Stacheldraht hinter sich herziehen. Ich sah zu, wie er mit langen, leichtfüßigen Schritten über unsere Weide galoppierte und gleich auch noch ein Stück von Holgers Zaun abräumte, vielleicht um ihn in seine Sammlung aufzunehmen, die Straße überquerte und auch noch Holgers zweiten Zaun mitnahm, Pfosten und meterlangen Draht mit sich in den Wald schleifte. Der Elch lief unbeirrt weiter, es sah nicht aus, als würde er vor etwas weglaufen, aber doch so, als hätte er es eilig, irgendwo hinzukommen. Er verschwand im Wald, und am nächsten Tag folgte ich seinen Spuren.

Eine Weile lang stapfte ich durch die Schneise, die er durch den Wald gezogen hatte, die herausgerissenen jungen Bäume und abrasierten Farne waren nicht zu übersehen, es sah aus wie ein Kahlschlag, ein Tunnel des Lichts durch das dichte Unterholz. Ich fand nirgendwo Draht, kein Stück von dem Zaun und holte auch den Elch nicht ein. Irgendwie erinnerte mich das an die schöne Kindergeschichte von Paul Bunyan und seinem blauen Ochsen Babe. Ich glaube, all die alten Geschichten sind wahr. Ganz gewiss hat es einen John Henry gegeben – und einen Herkules.

Heute Morgen gegen zehn fuhr Breitenstein auf der Straße vorbei. Ich war gerade bei der zweiten Seite Roman, der dritten Tasse

Kaffee und dem fünften Scheit Brennholz angekommen. Ich hatte Breitensteins Kommen gefürchtet, konnte es nicht aus meinem Kopf vertreiben, schon von weitem hörte ich das kräftige, tiefe Tuckern seines alten roten Trucks. Schuldgefühle wehten herein wie kalte Luft durch eine offen stehende Haustür – an diesem Vormittag würde kein freies, unbefangenes Schreiben mehr möglich sein. Ich fragte mich, ob ich es trotzdem versuchen sollte, gab jedoch schon nach kurzer Zeit wieder auf.

Am Vorabend war ich mit den letzten von Breitenstein gekauften Lärchen fertig geworden. Was seine Zäune betrifft, ist Breitenstein ein echter Fanatiker. Er zieht die Drahtschlaufe so fest über die Lärchenpfosten, dass man sie unmöglich mit bloßen Händen abstreifen kann. Zwar hat er extra einen kleinen Hebel am Pfosten fest gemacht, mit dem man den Draht hochdrücken kann, trotzdem muss man mit ganzer Kraft stemmen, ächzen und fluchen, bis man den Draht endlich weit genug hochgeschoben hat. Mit einem Seufzer der Erleichterung springt das Tor endlich auf, man legt es zur Seite und fährt hinein, um Holz zu machen. Aber

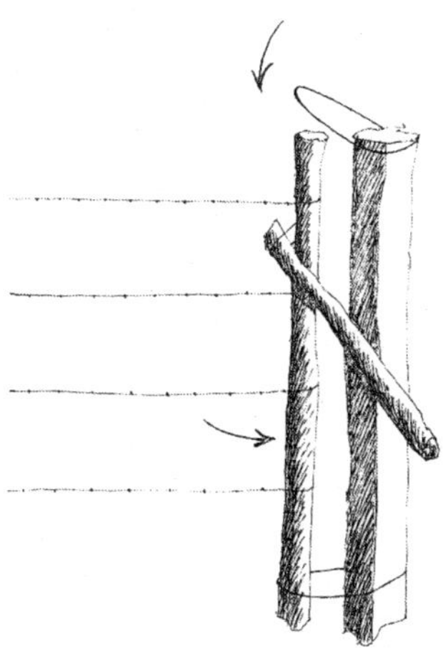

im kalten Schnee zieht sich der Stacheldraht tückisch zusammen. Ist man Tage später mit seiner Arbeit fertig, ist er um mehrere Zentimeter geschrumpft, und das Tor lässt sich weder mit reiner Muskelkraft noch mit dem Hebel oder gar einem riesigen Brecheisen wieder richtig verschließen. Die Pfosten knarren und splittern, doch so fest man auch daran zieht, der kalte Stacheldraht gibt keinen Millimeter nach.

In Texas, wo das ganze Land in Privatbesitz ist und jeder Vieh auf seinen Weiden hält, habe ich gelernt, dass man niemals ein Tor offen stehen lassen darf, weil sonst mit Sicherheit ein Tier entwischt. Beim Schreiben hat man mich das Gleiche gelehrt: Schließ immer alle Tore – es sei denn, du willst absichtlich etwas durch die Lücke schlüpfen, ins nächste Kapitel oder gar auf Nimmerwiedersehen entwischen lassen. Alles, was zählt – eine gute Geschichte, wertvolles Vieh – hält man am besten hinter verschlossenen Toren oder schließt es zumindest ein, wenn man damit fertig ist.

Gestern Abend bekam ich das Tor in Breitensteins Zaun jedoch beim besten Willen nicht zu. Ich konnte mir nicht vorstellen, dass er stärker ist als ich oder irgendjemand sonst stark genug sein könnte, um den geschrumpften Draht über den Pfosten zu ziehen. Gleichzeitig wusste ich, wie sehr es mich ärgern würde, wenn jemand mein Tor offen lassen würde, dabei bin ich nicht einmal fanatisch, was Zäune betrifft, ganz anders als Breitenstein. Ich habe es lieber, wenn die Schlaufen ein bisschen lockerer sind – leicht zu öffnen, leicht zu schließen und trotzdem fest genug, um die Tiere nicht auf die Idee zu bringen, dass es im Zaun einen Schwachpunkt geben könnte.

Breitenstein hat nicht einmal Vieh einzusperren. Alles, was auf der anderen Seite des Zauns steht, sind seine Bäume. Aber ein Tor ist ein Tor, also verbrachte ich den größten Teil des Abends damit (Sterne, aber kein Mond, der angetaute Schnee überfroren), mich gegen den Zaun zu werfen, zu drücken und zu flehen, zu ziehen

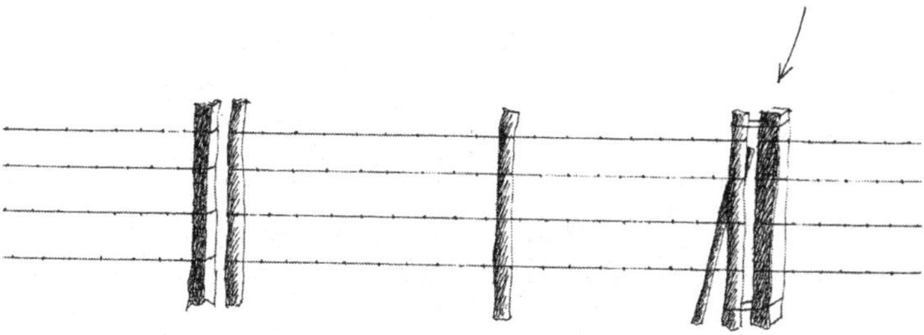

Wie der Zaun vorher aussah

und zu fluchen, auszurutschen und wieder aufzustehen. Ich weiß nicht, wie lange ich mit dem verdammten Tor zubrachte. Aber alle Anstrengungen waren vergebens, ich gab auf und schloss es provisorisch, band eine lockere Behelfsschlaufe um Zaun- und Torpfosten und fuhr nach Hause.

Wie er aussah, nachdem ich gegangen war

In der Nacht konnte ich nicht schlafen. Ich wusste, ich hatte meine Sache schlecht gemacht. Ich stellte mir vor, was mein Vater zu Hause in Texas getan hätte. Er hätte das Zaunproblem mit Sicherheit gelöst, und wenn er bis zur Morgendämmerung draußen hätte ausharren müssen. Vielleicht hätte er sogar ein wärmendes Feuer entfacht, um den Draht dazu zu bringen, sich wieder auszudehnen. Ich stellte mir vor, wie sein Vater draußen im Wald ausgeharrt hätte, vor ihm der Vater seines Vaters, und kam mir dabei schrecklich schäbig vor. Ich war am Niedergang Amerikas, aller amerikanischer Werte höchstpersönlich beteiligt, ich war keinen Deut besser, ich war ebenso schuld an diesem Niedergang wie alle anderen – ich hatte aufgegeben, ich hatte das Tor unvorschriftsmäßig zurückgelassen, ich hatte mich mit einer provisorischen Lösung zufrieden gegeben und war nach Hause gefahren, hatte Abendbrot gegessen und gemütlich lesend vorm Kamin gesessen. Als ich heute Morgen halb schreibend, halb auf Breitensteins alten Truck lauschend am Schreibtisch saß, wusste ich sofort, was das Tuckern zu bedeuten hatte und dass es meine Prioritäten ins Wanken bringen würde. Zu schreiben – und gut zu schreiben – war immer das allerwichtigste für mich, und trotzdem brachte mich Breitensteins Zaun in einen inneren Konflikt. Ich dachte wieder daran, was mein Vater getan hätte, dass das Falsche immer falsch und das Richtige immer richtig bleibt. Dass er, auch wenn er durch irgendeinen dummen Zufall das Tor am Vorabend nicht hätte schließen können, längst bei Breitenstein gewesen wäre und ihn um Hilfe gebeten hätte. Dass er es Breitenstein längst gezeigt hätte, dass er sich niemals einfach verdrückt hätte, weil er weiß, wie wichtig Breitenstein seine Tore sind und sie vielleicht gemeinsam eine Lösung finden könnten…

Und obgleich mir das Schreiben wichtiger war, als Breitenstein es jemals sein könnte, wichtiger als irgendjemand es jemals sein könnte – was traurig ist, aber nun mal so sein muss –, ertappte ich mich dabei, wie ich meinen Kaffee austrank, mein Notizbuch zuklappte, zur Garage ging, in den Truck stieg und Breitenstein hinterher fuhr. Es war, als hätte mich eine höhere Macht gelenkt.

Ich habe häufiger von Männern in meinem Alter gelesen, die das Gleiche erlebten – anscheinend beschreiben dies tatsächlich vor allem Männer –, nämlich dass bei ihrer Selbstwerdung plötzlich ihre Väter und deren grundlegende Wahrheiten – lass nie ein Tor offen! – mit ins Spiel kamen. Sie mussten sie selbst werden, um etwas zu verändern, an neuen Orten zu wachsen und selbst Väter zu werden – aber diese Wahrheiten, diese wenigen, einfachen Tatsachen bildeten den Grundstock ihres persönlichen Wachstums. Und wenn man fünfundzwanzig oder dreißig ist, wenn die Welt kleiner wird und die Dinge endlich in Bewegung geraten, wie ein Zug, der doch noch den Bahnhof verlässt und zusehends an Kraft und Geschwindigkeit gewinnt, besinnt man sich zuerst auf die väterlichen Ratschläge, tut so, als wäre man er, wenn man in den Zug einsteigt, tut, was er tun würde, bis es einem schließlich selbst in Fleisch und Blut übergegangen ist, und das gerade noch zur rechten Zeit.

Als ich Breitenstein einholte, war er bereits am Ort des Geschehens, und ich fürchtete seinen Zorn so sehr, wie ich meinen eigenen gefürchtet hätte. Das Tor eines anderen offen zu lassen, ob er nun Vieh hat oder nicht, ist rücksichtslos, ist falsch, ist unverzeihlich. Aber Breitenstein sah mir freundlich entgegen.

Es schien ihn nicht weiter zu kümmern, dass ich das Tor nicht richtig zubekommen hatte. Ich versuchte, es ihm zu erklären, aber er holte gleich ein langes gelbes Werkzeug aus seinem Truck, ein schweres Stück Metall, das im ersten Augenblick an einen Wagenheber erinnerte, sich aber als Zaunspanner entpuppte, und weihte mich in sein Geheimnis ein. Natürlich kannte ich solche Zaunspanner, hatte sie auch vorher schon gesehen, wäre aber nie auf die Idee gekommen, dass man sie nicht nur beim Zäune ziehen, sondern auch beim Schließen von Toren einsetzen kann. Breitenstein wirkte ruhig und für seine Verhältnisse ungewöhnlich gutwillig. Offenbar rechnete er mir positiv an, dass ich mir zumindest die Mühe gemacht hatte, das Tor provisorisch zu schließen, und dass ich hergekommen war, um ihm mein Ungeschick zu beichten.

Es war ein kalter, klarer Morgen, und wir redeten noch etwa eine halbe Stunde. Er sagte, er würde die Espen auf seiner Weide nun doch nicht fällen, sie würden einfach zu schön aussehen. (Noch vor einiger Zeit hatte er davon gesprochen, sie als Papierholz zu verkaufen.) Er deutete auf ein paar Berge, auf die es sich zu wandern lohnte, und ließ sich dann über verschiedene Arten von Schneeschuhen, Tierfallen, Sechszylinder, Stammwender und Wendehaken (beides Holzfäller-Werkzeuge), Scheibeneggen und unfähige Farmer aus. Er war hoch erfreut, dass ich mich bei den Schneeschuhen ein wenig auskannte und ein, zwei Sätze einwerfen konnte, unterbrach mich aber sofort wieder und holte zu einer Tirade über Hippies, Haschbrüder und Holzdiebe aus. Die wären alle völlig verkommen, außer einem, der ihm einmal geholfen hätte, eine vom Wasser fortgespülte Brücke wieder aufzubauen: »Der ist in Ordnung, der arbeitet wenigstens für sein Geld.«

Dann schimpfte Breitenstein noch ein wenig über die Vorbesitzer seiner Ranch, und ich lauschte fast genauso fasziniert wie seinem Vortrag über Stammwender und Wendehaken. Mit deutlichen Worten scheuchte Breitenstein diese unfähigen Faulpelze von seinem guten Weideland und zog ein für allemal das Tor hinter ihnen zu. Ich wollte ihm von meinem Vater erzählen und von den Toren in großen Romanen, die so fest gezurrt waren, dass sie ewig hielten. Aber Breitenstein redete weiter und weiter und war dabei so freundlich zu mir wie nie zuvor – selbst als er unser Gespräch mit einem abrupten: »Herrje, ich muss arbeiten!« beendete, fügte er ein für ihn ganz untypisches »Schönen Tag noch«

hinzu. Ich bedankte mich und dachte daran, dass mein Vater mir aus 2500 Meilen Entfernung geholfen hatte, eine wichtige Probe zu bestehen. Vielleicht werde ich bald richtig erwachsen werden. Bisher hatte ich mich manchmal nur als erwachsener Mann ausgegeben. Kann sein, dass es noch Jahre dauert, aber ich bin auf dem richtigen Weg, und ich kann sehen, wohin ich gehe.

18. JANUAR

McAffee, ein Jäger, erzählte, er sei neulich vor Tagesanbruch bei uns vorbeigefahren und habe zwei Elchbullen und eine Elchkuh gemeinsam mit den Pferden Heu fressen sehen. In der Bar sorgte das für großes Aufsehen. Ich selbst hatte bisher nur ihre Spuren gesehen. Muss morgen unbedingt früher aufstehen.

Betrank mich mit elf Bieren im Dirty Shame, sah zu, wie Denver ganz knapp Cleveland schlug (Kosar landete in der zweiten Halbzeit fünfzehn von siebzehn Pässen – unglaublich!) und aß anschließend zwei Dirty Burger und eine Schüssel Shameful Fries. Zu Hause las ich den Roman *The Bushwhacked Piano* zum zweiten Mal von Anfang bis Ende.

20. JANUAR

Stellte den Wecker auf sieben, stand auf, ging ins Gewächshaus und erledigte mein ganzes Vormittagspensum bei Kerzenlicht. Ein neuer Mensch. Muss heute in die Stadt fahren, einkaufen, Besorgungen machen, Papiere unterschreiben. Wenn ich doch dieses andere Leben, das In-die-Stadt-fahr-Leben abstreifen könnte wie eine sich häutende Zikade, mich freikämpfen könnte aus dieser einengenden, ausgetrockneten alten Hülle. Aber irgendwie scheint immer eine neue nachzuwachsen.

Ein peitschender Schneesturm. Große Flocken wehen vorbei,

brechen in den Wald ein, wirbeln über der Weide. Sie sind die Währung des Winters, und ich bin der reichste Mann der Welt.

24. JANUAR

Kalt letzte Nacht, minus siebenundzwanzig, und auch jetzt, am Mittag, nur minus sechzehn Grad. Wir stopfen den Kamin mit Lärche. Wie etwas nach seinem Tod so nützlich sein kann, ist schon erstaunlich. Sind gestern bei eisigem Wind drüben bei Kalispell Abfahrtski gefahren, Elizabeth zum ersten Mal.

Der Februar, der schneereichste Monat, steht uns noch bevor.

31. JANUAR

Gestern ein Brief vom Kirby. Das Baby tritt jetzt schon mit den Beinchen. Die Tage scheinen ebenso rasch zu vergehen wie die Holzstücke in unserem Kamin.

1. FEBRUAR

Minus einunddreißig. Ich sitze dicht vor dem ächzenden, sich klopfend ausdehnenden Ofen und versuche, ohne Handschuhe zu schreiben. Dabei läuft mir die Nase. Bei minus einunddreißig Grad sind die Holzscheite unnatürlich leicht. Die gesamte Feuchtigkeit ist gefriergetrocknet. Wenn ich die großen Scheite im Holzschuppen herunterziehe, klirren sie hell. Hingen die schweren Brocken an einem riesigen Mobile und würden vom Wind aneinander geschlagen, würden sie klingen wie ein Windspiel aus Glas.

Dieser letzte Satz kommt mich teuer zu stehen. Ich muss alle paar Wörter aufhören und meine Hände unter die Achseln stecken, um sie wieder aufzuwärmen. Den letzten Satz habe ich in einem Rutsch geschrieben. Jetzt geht gar nichts mehr.

Habe heute alten Kaffeesatz auf die Beete im Gewächshaus gestreut. Ich freue mich darauf, den Boden umzugraben, Pflanzen anzubauen. Im letzten Herbst konnten wir vor dem ersten Frost noch ein paar gute Möhren ernten. Im Garten vor dem Gewächshaus lässt sich auch gut Salat anbauen. Es wird nicht zu heiß.

3. FEBRUAR

Am späten Nachmittag. Heute wieder viele Holzlaster. Die schneeüberkrusteten, entasteten Stämme sind auf den Anhängern so ordentlich übereinander gestapelt wie ein sorgsam verstautes Mikado-Spiel, und die Laster kriechen so langsam den Berg hinauf, als zögen sie in einen fernen Krieg. Die Stämme, die sie geladen haben, sehen wie dünne Streichhölzer aus. Auf keinem der Laster habe ich in diesem Winter einen einzigen richtig dicken Stamm gesehen. Es ist erschreckend. Natürlich ist es mir lieber, wenn sie nur junge Bäume fällen statt der alten, aber ich weiß, was gespielt wird. Der Grund, warum sie keine dicken Stämme abtransportieren, liegt darin, dass es kaum noch welche gibt – schon gar nicht mehr da, wo man sie von den bestehenden Wegen aus leicht erreichen kann.

Aber ich weiß, wo noch einige stehen, richtig dicke, alte Bäume, unter denen man im Herbst herrlich sitzen kann.

Es hat lange gedauert, aber allmählich lerne ich dazu.

Lade hinten in deinen Pick-up immer ein paar große Holzstücke ein, damit die Hinterachse Gewicht hat und im tiefen Schnee nicht wie ein Fischschwanz hin- und herwedeln kann.

Hefte Pappe vor den Kühler, damit die Wärme des Motors nicht verloren geht.

Halte immer Ersatzteile für deinen Generator bereit:

Unterbrecherkontakte, Zündkerzen, Ölfilter, Brennstoff-Filter.

Außerdem brauchst du ein Batterieladegerät und eine geladene Ersatzbatterie, die du notfalls zu deinem kränkelnden Truck hinaustragen kannst wie ein Spenderherz zur Transplantation.

Schneeketten.

Schlafsack und Axt in allen Fahrzeugen.

Handschuhe, Taschenlampe.

Erkundige dich vorher, wie man das Wasser ausstellt – wenn die Rohre einfrieren, können sie beim Auftauen platzen.

Hab immer eine Schneeschaufel dabei.

Zieh beim Parken nie die Handbremse an – sie könnte einfrieren, und dann sitzt du fest.

9. FEBRUAR

Ein dunkler Morgen mit dichtem Schneefall. Ich schreibe bei Laternenlicht; der Holzofen dehnt sich aus und knackt und klopft dabei. Mir ist noch immer kalt. Dachte gestern Abend an den Sommer. Wie es wohl wäre, tagsüber zu angeln und abends auf der Veranda zu sitzen, Cuba libre zu trinken und zu den Bergen hinüber zu schauen.

10. FEBRUAR

Auf dem Rückweg von Libby bleiben wir nach fünf Meilen stehen, um die Schneeketten aufzuziehen (vor uns liegen noch fünfunddreißig Meilen auf der Pipe Creek Road). Heftig fallender Neuschnee gibt sich jede Mühe, die Straße auszuradieren. Es ist spät, wir waren noch essen, aber jetzt wollen wir nach Hause, und die Wildnis zieht uns immer tiefer in sich hinein. Als wir endlich weiterfahren (bei guter Musik – Joni Mitchell und anschließend John Prine – erscheint die kalte, schneereiche Nacht wie ein guter Freund), wird die Straße immer enger, seltsam geformte Schneeverwehungen ragen zu beiden Seiten der Straße auf, es sieht aus, als würden wir durch einen Tunnel fahren, und wir bekommen das Gefühl, die Schneetürme könnten jeden Augenblick zusammenbrechen und uns wie eine Lawine unter sich begraben. Schließlich wird es fast zu eng zum Durchfahren, an beiden Seiten schabt der Truck an den Schneemauern, der Wind besprüht uns mit einem feinen Nebel aus winzigen Schneekristallen, im Kegel unserer Scheinwerfer erscheinen undurchdringliche Schwaden, die Ketten verbeißen sich in tiefen weißen Wanderdünen – und all das nur für ein saftiges Steak.

Vernünftigere Zeitgenossen wären in der Stadt geblieben, wären ins Hotel gegangen, hätten Binokel gespielt, sich auf dem Bett geräkelt, ferngesehen und diesen seltenen Luxus auch noch genossen. Auch wir hatten es erwogen. Aber die schneebedeckte Straße, der dunkle Wald und die Nacht hinter unserm Haus lockten uns: nach Hause.

»Siehst du das?«, frage ich. Elizabeth nickt. Wir rollen über die stürmische Passhöhe, können kaum erkennen, was von der Straße noch übrig ist – der Wind treibt immer wieder neue Dünen vor sich her und weit und breit sind keine anderen Reifenspuren zu sehen. Mit der Überquerung des Passes ändert der Wind seine Richtung, sitzt uns jetzt plötzlich im Nacken, weht einen glitzernd weißen Sprühnebel in den winzigen Straßentunnel vor unseren Scheinwerfern, Schnee- und Eiskristalle stürmen an unseren Fenstern vorbei, liefern sich ein echtes Wettrennen mit uns. Uns bleibt nichts anderes übrig, als uns den Gipfel hinunterwehen zu lassen, in den Windtunnel hinein, uns in dieses beängstigende Rennen zu stürzen.

»Als wären wir selbst der Wind«, sagt Elizabeth.

Es ist nach Mitternacht. Wir summen dahin, rollen im Vierradantrieb den Berg hinunter, auf der einen Seite Klippen, auf der anderen tiefe Schluchten. Die Ketten klopfen regelmäßig gegen den

Wagen, ein hypnotisierendes Geräusch, mit dem sie unseren Reifen auf dem verwehten Schnee die nötige Griffigkeit verleihen, ein herrliches Geräusch, wie Weihnachtsglocken, das Bimmeln am Rentierschlitten. Wir fühlen uns wie Kinder: Es ist Nacht und die Welt gehört uns allein.

Ein seltsames Unterfangen, mein Versuch zu erklären, wie es hier oben ist. Ich muss unbedingt von Don und Kathy Terline erzählen, unseren übernächsten Nachbarn, die etwa eine Meile von uns entfernt wohnen. Es sind scheue, zurückgezogene Menschen. In all den Monaten habe ich sie vielleicht dreimal gesehen: einmal zu Thanksgiving und zweimal zu anderen Gelegenheiten.

Don ist zahnlos, verschrumpelt und hat einen Bürstenschnitt. Er spielt zu Thanksgiving immer Akkordeon, »Popeye the Sailor Man«, und sieht mit seinem windgegerbten, sonnengebräunten ewigen Grinsen tatsächlich selbst wie Popeye aus. Einmal im Herbst bin ich zu seinem Haus gefahren – bis der Weg zu Ende war, den Rest musste ich zu Fuß gehen –, um zu fragen, ob er einen großen roten Hund gesehen hätte, einen Irish Setter, den ich für einen Freund hüten sollte. Den ganzen Tag über hatte ich Don irgendwo zwischen den Bäumen sägen und hämmern hören, und meine Hoffnung war, dass Isabelle, die hübsche, niederträchtige Ausreißerin (sie machte mich fast irre!) aus lauter Neugier zu ihm gelaufen war.

Vor einer Stunde hatte das Hämmern und Sägen jedoch aufgehört, und als ich näher kam, sah ich auch, warum. Don lag in der Nachmittagssonne auf einem Berg aus Kiefernadeln ausgestreckt und betrachtete eingehend sein Tageswerk. Offenbar baute er eine neue Veranda, jedenfalls standen überall Bretter, Pfosten, Säcke mit Beton und Sägespäne herum. Er schaute einfach sein Haus an und grinste, schlief nicht, sondern lag mit offenen Augen da, hörte mich aber nicht kommen.

Als er mich sah, setzte er sich rasch auf, grinste dann noch breiter und lehnte sich wieder auf seinem Kiefernadelbett zurück. »Ich schau's mir nur an«, sagte er und deutete mit dem Kopf in Richtung Haus und Veranda.

12. FEBRUAR

Ein ganz neues Geräusch: Tropfen. Wasser, das von allen Dächern, aus allen Fallrohren läuft und sich auf den Wegen und Wildpfaden zu Rinnsalen sammelt. Der Wind weht böig aus allen Richtungen, vor allem aber aus Süd und West, der Himmel verfärbt sich violett, und aus dem Schnee ragt gelbes Unkraut, um sich eifrig hin und her zu biegen. Ein Chinook: acht, fast zehn Grad plus. Ich sitze im Gewächshaus und lausche dem leichten Regen, der aufs Dach klopft. Das hört sich eher nach Mississippi an.

Auf einmal ist der Frühling da, wie ein neuer Schüler, der ganz anders redet und beim Baseball so viel besser ist als alle anderen, plötzlich mitten im Schuljahr auftaucht. An einem einzigen Tag hat er den Winter in die Flucht geschlagen.

Ich weiß, es ist erst Anfang Februar, es kann sich nur um einen falschen Frühling handeln. Ich weiß es, aber ich will es nicht glauben.

Wie ein Aktienspekulant, der bereits seine künftigen Gewinne verplant, denke ich im Voraus an all die Dinge, die ich mit dem Frühling anstellen kann.

Fast immer stellt man sich den Winter als die beherrschende und schwerste Jahreszeit vor, die Jahreszeit, die alle anderen verdrängt. Ich hatte keine Ahnung, dass auch der Frühling so mächtig sein kann.

Der Schnee verwandelt sich in Wasser und läuft bergab. Große Eisplatten lösen sich und rutschen die steilen Dächer der Häuser und Scheunen hinunter. Der Wind tanzt heulend zwischen den

Gebäuden, wirbelt die Wärme überallhin. Ich sehe Dinge, die unter dem Schnee begraben waren, die ich schon lange vergessen hatte, damals im Herbst. Wenn dies der falsche Frühling ist, bin ich auf den echten gespannt.

13. FEBRUAR

Habe gerade den Roman beendet, den ersten Entwurf. Ich muss mich selbst daran erinnern, dass der erste Entwurf auch so etwas wie ein falscher Frühling ist.

Draußen hat es null Grad. Ich bin ratlos. Soll ich Feuer machen, auch auf die Gefahr hin, dass es mich zum Schwitzen bringt?

Ich habe keine starken Ideen, die nur darauf lauern, ans Tageslicht zu kommen. Woran soll ich arbeiten, solange der Romanentwurf ruht? Als ich noch am Roman saß, war alles einfach – ich wusste, wer mitspielt und woran ich mich jeden Tag setzen konnte. Jetzt bin ich allein.

14. FEBRUAR

Die Leute sagen, wenn der Winter zu Ende ginge, dann über Nacht, mit einem Chinook. Sie sagen, es käme plötzlich ein sommerwarmer, violetter Regen von Süden das Tal heraufgeprasselt und spülte den Schnee auf den Hausdächern, Autos und Bäumen mit sich fort. Man würde aufwachen, und er sei verschwunden – alles sei anders, verwandelt, verloren.

15. FEBRUAR

Wandere im Wald hinter dem Haus auf Schneeschuhen einen Wildpfad den Berg hinauf. Ich spüre, mit welcher Macht der Frühling kommt und bin fast verzweifelt darüber, es macht mir Angst, dass der Winter gehen muss. Manchmal freue ich mich auf das grüne Gras und den Sommer, dann wieder fühle ich mich, als hätte ich mich mit meiner Ankunft hier oben dem Winter verschrieben, als hätte ich mich in ihn verliebt, an ihn gewöhnt und könnte mir gar nicht mehr vorstellen, unter den Füßen keinen Schnee mehr zu spüren.

Ich fühle mich, als wäre ich süchtig, wie das allen geht, die wirklich verliebt sind. Die natürliche Angst, das Objekt unserer Liebe könnte uns verlassen.

Unter mir liegt unser Haus. Ich sehe Rauch aufsteigen. Elizabeth hat Feuer gemacht. Sie freut sich auf den Frühling und den Sommer. Ich muss mir an ihr ein Beispiel nehmen.

Ich muss zulassen, dass der Schnee unter meinen Füßen schmilzt (als ob ich es verhindern könnte). Ich muss bereit sein, ihn loszulassen.

Wenn mich die Leute fragen, wo ich wohne, und ich es ihnen sage, heißt es meistens: »Und leben Sie dort allein?« »Nein, mit meiner Freundin.«

»Ah, das ist etwas anderes«, sagen sie dann erleichtert, »das ist gut.«

Und sie haben Recht. Auch zu zweit leben wir abgeschieden, auch zu zweit sind wir allein. Aber es ist etwas anderes. Es ist... perfekt. Ein Märchen.

3. MÄRZ

Trennung. Nicht von Elizabeth und mir, aber von einem fast ebenso starken Band, dem Band zwischen den Jahreszeiten, Winter und Frühling: Es beginnt sich zu lockern und zu lösen, sich zu biegen und zu zerreißen. Der Frost löst seinen Klammergriff, die Erde dehnt sich aus und kehrt zurück zu neuem Leben.

Kürzlich hat Elizabeth einen Rotkehlhüttensänger durch den Wald fliegen sehen, den ersten »echten« Vogel, nicht bloß die stummen, grimmigen Winterkrieger, die hier oben bei uns ausgeharrt haben – Eulen, Raben, Adler und die unermüdlichen Waldhühner. Der erste echte Vogel, dessen Sinn und Zweck bloß darin besteht, dem Land Farbe und Gesang zu geben und wilde Schönheit zu verbreiten.

Auch ich spüre, wie ich mich dehne und strecke.

Die Straßen tauen, schwitzen den Frost aus, der sich in ihre Poren verbissen hat. Eis wird zu Wasser und verwandelt Wege und Felder in weiche, schlammige Seen. Bei diesem Wetter kann kein Holzlaster fahren.

Ungefähr sechs Wochen lang, wenn die betonhart gefrorenen Wege sich in tiefen Matsch verwandeln, sind keine Holzlaster unterwegs – Fahrzeuge mit diesem Tonnengewicht sind dann auf den Straßen verboten. Also bleiben die Bäume stehen, und die Steuerzahler kommen in den Genuss einer vorübergehenden Erleichterung, weil sie in dieser Zeit nicht die Abholzung ihres eigenen Landes subventionieren müssen.

Meine Tage werden still sein. Keine Autos, keine Laster, keine Kettensägen. Ich ruhe mich aus. Der Wald ruht sich aus. Die Vögel kommen zurück.

Es ist noch immer Winter. Ich muss ihm die Treue halten. Aber ich träume vom Gras.

Ich will Gras essen, will barfuß darüber laufen, will mich mit nacktem Oberkörper darauf wälzen. Ich will es ausreißen und ganze Büschel davon in die Luft werfen, mit Elizabeth eine Grasschlacht veranstalten, genau wie unsere erste Schneeballschlacht vor fünf Monaten.

Es ist nicht leicht, mit der Natur Schritt zu halten. Vor mir tut sich eine Nahtstelle auf. Ich muss vom Winter in den Frühling treten. Und ich muss es mit Würde tun.

4. MÄRZ

Zog heute Morgen eine Hacke durch die steife, trockene, nackte Erde im Gewächshaus. Fast schaudert es mich, wenn ich dies bekenne. Es kommt mir wie ein grässlicher Akt der Untreue vor. Ich muss mich zusammennehmen.

Die Bewegung. Die scharfe Hacke fährt in die Kruste, die Erde reißt auf, eine Furche erscheint, der Boden öffnet sich, ist unter der harten Oberfläche locker, willig und weich, wartet darauf, bepflanzt zu werden.

Ich bin einfach vom Schreibtisch aufgestanden und habe nach der Hacke gegriffen. Jetzt habe ich höllische Gewissensbisse – nicht weil ich es getan habe, sondern weil es sich so gut angefühlt hat.

Ich spürte es in beiden Armen, bis in die Schultern, sogar bis in die Brust – und ich spüre es immer noch. Wunderbar.

Jetzt sitze ich wieder an meinem Schreibtisch neben dem Ofen und schaue einer Fliege zu, die am Fenster summt.

7. MÄRZ

Nachts zwölf Grad minus, tagsüber zehn Grad plus. Die Sonne wärmt mein Gesicht. Der Schnee schmilzt. Wasser fließt in Strömen von den Dächern der Häuser und Scheunen, kalte Duschen, die in der hellen Sonne funkeln, überall das Plätschern des Wassers – blauer Himmel, weiße Schneefelder.

Als ich gestern nach Libby fuhr und am Sägewerk vorbeikam, standen mehrere Jugendliche neben ihren Autos auf einer Kiesinsel im Fluss, waren an einer flachen Stelle hinübergefahren. Sie machten Ölwechsel, wuschen und wachsten ihre Wagen. Das blaue Wasser floss rasch, der weiße Kies leuchtete in der Sonne. Ich sah weg und dachte nur noch daran, dass vierzig Meilen tief im Wald versteckt Yaak auf mich wartete.

Für mich – wie vermutlich für jeden – gibt es zwei Welten, und in der einen geht es mir besser als in der anderen. Früher konnte ich ohne Probleme zwischen beiden hin und her wechseln, doch je mehr ich in der einen, der Welt des Waldes, aufgehe, desto handlungsunfähiger werde ich in der anderen Welt.

Der Winter ist eine Zeit zum Träumen. Ob die Bären und die anderen Tiere träumen, während sie ihren Winterschlaf halten?

Zurück aus Libby, wanderte ich in den Wald hinter dem Haus hinauf. Ich stellte mir vor, ich könnte spüren, wie die Tiere aufwachen und der Wald sich zu regen beginnt. Der Schnee schmolz und tropfte, ich konnte – und kann – es überall hören. Ich gehöre nicht in die Stadt. Ich bin mir nicht einmal sicher, ob ich in den Frühling und den Sommer gehöre.

In den Herbst vielleicht.

Im Laufe dieses Winters, dieser Zeit des Träumens, habe ich vieles gelernt – und manches, das ich nicht mehr brauchen werde, vergessen.

14. MÄRZ

Meine Eltern sind für ein paar Tage zu Besuch gekommen. Sie wollen sehen, wo Elizabeth und ich abgeblieben sind. Aus unserer Familie hat nie jemand außerhalb der Südstaaten gelebt. Wir saßen auf der Veranda, tranken etwas und genossen den Ausblick auf die Wiesen und die Berge. Es kam mir vor, als hätte ich mein ganzes Leben lang darauf gewartet, mein städtisches Selbst, mein Stadtleben abzustreifen und mich in den Wald zu verkriechen – mich zu häuten wie ein Insekt oder eine Schlange.

Später gingen mein Vater und ich über die Wiese, um am Südarm des Yaak River zu angeln. Die Angelsaison hat noch nicht angefangen, aber man darf die Fische fangen und wieder freilassen, mehr hatten wir ohnehin nicht vorgehabt. Wir kamen zu einem alten, verlassenen Hof – die große Scheune war eingefallen, die Lärchenstämme gesplittert oder in der Mitte zerbrochen – und hockten uns auf eine alte, wackelige Brücke, die sich über den Fluss spannte. Zu beiden Seiten des Ufers standen hohe Weiden. Wir warfen unsere Angeln aus und warteten auf kleine Bachforellen. Auf den Wiesen lag noch Schnee, aber es gab auch schon braune Flecken, und die Sonne war warm, fast heiß.

Eintagsfliegen schwirrten in kleinen Wolken über dem Wasser. Wir fingen mehrere hungrige kleine Forellen, warfen sie zurück ins kalte Wasser und sahen zu, wie sie davonschossen.

Ein kleines Wiesel mit glänzenden Augen und den ersten sommerbraunen Stellen am Rücken und an den Beinen kam ohne eine Spur von Angst über die alte Brücke auf uns zugelaufen. Keine drei Meter vor uns blieb es stehen und schaute uns zu.

»Du hast dich verändert«, sagte mein Vater ruhig, während er seine Schnur neu ordnete. Am Ende der Wiese, vor den Bäumen, konnten wir das Haus sehen. Es kam mir seltsam vor, dass man keinen Rauch aus dem Schornstein steigen sah.

»Nein, habe ich nicht«, erwiderte ich ebenso ruhig und hielt weiter Ausschau nach den kleinen Fischen, die so arglos und leicht zu fangen waren. Ich tat wohl so, als wäre mir schon immer klar gewesen, was ich brauche – tiefe, dunkle Wälder, Ruhe, Langsamkeit –, als hätte ich mich nicht dreißig Jahre lang abgestrampelt, um es herauszufinden, als hätte ich es nicht mit dem Stadtleben und der Schnelligkeit versucht.

Aber er hatte recht. Ich habe mich verändert. Ich kann einen Generator auseinandernehmen und wieder zusammensetzen. Ich kann eine Säge schärfen.

Und auch mein Herz hat sich verändert. Die Eile hat sich gelegt.

Wir angelten noch ein wenig, und ich ertappte mich dabei, wie ich an den großen Waldkauz dachte, daran, wie er seine Mäuse fing. Ich dachte an die Jungs, die unten im Fluss ihre Autos wuschen, ihr Dreckwasser in den sauberen Fluss laufen ließen.

Als mein Vater und ich schon fast auf dem Rückweg waren, warf ich die letzte kleine Forelle dem Wiesel zu, das sofort darauf zusprang und mit seiner Beute in den Büschen verschwand. Ich hörte die Gräten krachen.

Mein Vater und ich gingen zum Haus zurück, das in der hellen Sonne lag. Mit großen Schritten wichen wir den Pfützen, matschigen Stellen und Schneeflecken aus. Zu hören, wie das Wiesel sich über den Fisch hermachte, hat mir nichts ausgemacht. Ich weiß nicht, warum ich es getan habe, weiß nur noch, dass das Wiesel nach dem langen Winter hungrig aussah.

Auf unserem Weg lauschten wir dem lauten Plätschern des Baches. Es hörte sich an, als würde der Winter niemals wieder kommen.

Sechs oder sieben Monate können wie eine Ewigkeit sein. Vielleicht werde ich in den nächsten beiden Jahreszeiten völlig vergessen, wie sich der Winter anfühlt. Aber ich hoffe, ich werde mich – wie ein Tier – rechtzeitig wieder daran erinnern.

Ich werde Frühling und Sommer überstehen. Auch wenn es dann im Tal – wie überall – mehr Menschen geben wird.

Wenn man sich langsam genug bewegt, wenn man sich öffnet, Altes vergisst und Neues dazulernt, können sechs oder sieben Monate tatsächlich eine Ewigkeit sein. Schon eine Woche kann ewig dauern.

Der Winter deckt manches zu und anderes auf. Ich bewundere die Wiesel, die Hasen und die anderen wilden Lebewesen, die sich mit den Jahreszeiten auch äußerlich verändern, sich fast über Nacht verwandeln können. Ich habe für meine Verwandlung lange gebraucht – dreißig Jahre. Aber jetzt, wo sie einmal gelungen ist, habe ich nicht die Absicht umzukehren.

Ich werde aus diesem Tal nicht wieder weggehen.